AF368459

LOS DUEÑOS DE LA FINCA

"Las Familias que Controlan a Colombia"

Diego Fernando Arévalo Riaño

TABLA DE CONTENIDOS

A mi amada patria COLOMBIA.

INTRODUCCIÓN

Todos los colombianos somos conscientes de las ventajas competitivas de nuestra nación: la biodiversidad, la pujanza de su gente, pisos térmicos y demás y estamos orgullosos del potencial propio.

Sin embargo, nunca hemos logrado convertir toda esa energía potencial en energía cinética, en movimiento, en desarrollo social... Más bien nos quedamos siempre en ser futuras promesas de desarrollo.

¿Cuáles son las causas de dicho desperdicio?

Las variables de la respuesta son muchas y se dan desde todos los campos del conocimiento, variables históricas, sociales, económicas, culturales...

En *"Los Dueños de la Finca"* expongo una de esas variables que, para mi juicio, tiene un peso porcentual muy grande en la función del desarrollo nacional y es la concentración del poder en unas pocas manos.

La tenaza con la que muy pocas familias en Colombia han cooptado al estado y se han beneficiado durante mucho tiempo, décadas e incluso a veces durante siglos, convirtiéndose en una reducida élite que gobierna para mantener su poder y privilegios.

No gobiernan pensando en la mayoría, en el desarrollo social, en mejorar las condiciones de vida de las poblaciones a su cargo, de las cuales son oriundos.

No.

Su único objetivo es dirigir el estado con una lógica perversa; beneficiar y ayudar solo a su propia casta, a su propia élite y a sus familiares y amigotes cercanos por encima del desarrollo colectivo.

Lo importante para esta élite se puede resumir en tan solo dos objetivos:

Estar años luz mejor, económica y socialmente, que sus paisanos.

Lograr ser ciudadanos del mundo.

Muy pocos políticos, en verdad, buscan el desarrollo social. La inmensa mayoría está pensando en aprovechar su "cuartito de hora" y solucionar la vida para las tres generaciones siguientes de su familia.

Se preguntara usted: *"¿Cómo lo hacen?"*

La respuesta es muy sencilla. Una parte de su estructura entra en el ejercicio de la política haciéndose elegir en un cargo donde tenga acceso al presupuesto y mientras, otros miembros de la familia o del clan crean empresas para contratar con el estado.

Además, nombran a familiares y amigos altos cargos de dirección estatal, se filtran información privilegiada y se financian las campañas, entre otros favores, logrando así una gran posición dominante, con ventajas inalcanzables para la gran mayoría de colombianos, gracias a su inmensa fortuna (fruto de los contratos con el estado).

En otras palabras, estos dueños de la finca labran para sí y sus descendientes una vida de oportunidades, ventajas y privilegios, imposibilitando el desarrollo de la gran mayoría de colombianos y despreciando los talentos únicos y excepcionales de muchos de nuestros compatriotas, talentos nunca descubiertos y olvidados antes de salir a luz.

Para respaldar la afirmación anterior, piense por un momento cuántos deportistas y artistas han logrado el éxito "a puro pulso" sin el concurso del poder del estado.

No estoy afirmando que los gobiernos, tanto nacionales como locales, deben subsidiar cada esfuerzo, cada emprendimiento, de los ciudadanos. A lo que me refiero es a que la función del estado es crear el ecosistema social y generar las oportunidades para que cada compatriota pueda por sus propios medios descubrir sus talentos y hacer uso de ellos.

Pero es aquí donde nace la desigualdad. Muchos de los municipios en todo el territorio colombiano no tienen las condiciones básicas para propiciar la capacidad de crear riqueza y lograr el bienestar de sus habitantes.

Pero ¿cómo se va a lograr si no cuentan con servicios públicos domiciliarios, ni con buenas vías de acceso al resto de la nación y ni hablar de la calidad de la educación?

Es más, en algunos de los rincones del territorio nacional la desnutrición infantil es tan crónica que cuando esos niños llegan a la edad adulta tienen serios problemas cognoscitivos que les impiden una inserción laboral eficiente.

Son las "famiroscas políticas" las responsables de la condición miserable y paupérrima de sus regiones, ya que han estado al mando del timón durante muchos años y en ese tiempo, tan solo los integrantes de las élites han progresado de manera notable.

Los electores también tenemos nuestro aporte y grado de responsabilidad en todo esto, ya sea por acción u omisión, porque votamos una y otra vez por ellos o simplemente porque no votamos.

La abstención les favorece mucho a estos reducidos clanes, pues una pequeña franja elige por todos nosotros.

Muchos ciudadanos han tomado la decisión de no participar en política, de no votar, pero las acciones de los dirigentes del estado sí se meten con cada uno de nosotros, en nuestra vida cotidiana, cada vez que vamos a la tienda a comprar los bienes básicos.

En los gobiernos nacionales, departamentales y municipales se determinan los impuestos, es decir, qué productos pagarán impuestos y cuáles no.

Determinan desde el uso del suelo de los predios, hasta las leyes que rigen a la sociedad, por lo que es de suma importancia para el desarrollo personal e individual, que cada uno de nosotros, los ciudadanos de a pie, entendamos las dinámicas de nuestra clase dirigente y los relevemos del manejo del estado.

El atraso de nuestra nación se puede explicar por la concentración del poder político en unas cuantas familias.

En las páginas siguientes, daré a conocer parte del espectro de esta élite para que los electores en cada una de las regiones reflexionen sobre sus hábitos electorales y podamos poner los intereses de la mayoría por encima del interés particular.

No son todos los que están ni están todos los que son, pero es una buena muestra representativa y busca que el elector colombiano en las próximas elecciones tenga elementos de juicio más afilados y reúna en su saber los eslabones y componentes históricos y económicos para elegir a mejores dirigentes.

Este libro me ha rondado por mucho tiempo y empezó a ver la luz cuando, para un vídeo de mi canal en YouTube, investigué a la familia que ha manejado las relaciones diplomáticas en la cancillería de Colombia por más de 2 siglos.

Sí, has leído bien... ¡DOS SIGLOS!

Para ningún colombiano es extraño que cierto número de familias gobiernen el país desde hace mucho tiempo. Ahora bien, las preguntas son:

¿Cuáles son las familias?

¿Cuántas son?

¿Qué entidades del estado colombiano controlan?

El 20 de julio de 2017, en un vídeo del periodista Pirry que estaban grabando en Toronto Canadá, se encontró con la cónsul Cecilia Pastrana Arango, es decir, la hermana del ex presidente Andrés Pastrana Arango y la pregunta que se hizo nuestro querido periodista es: *"¿pero luego el ex presidente no está en la oposición al gobierno de Santos?"*

Inspirado por este acontecimiento pensé: *"o comienzo hoy a investigar y escribir el libro o nunca arranco. Pero ¿por dónde arrancar? El reto es muy grande, es mucha información."*

Entonces pensé que no importaba por qué familia política comenzar, lo importante era hacerlo.

Por un designio del azar decidí comenzar por Paola Susana Valencia Laserna, pues me dio un poco de pena ajena el oso enorme que hizo en la convención de su partido Centro Democrático al improvisar un discurso.

Fue muy sencillo, DIOS bendiga a Internet.

La información está a la vista y mi único mérito ha sido y es organizarla y presentarla en este libro.

El sublime objetivo de "Los Dueños de la Finca", el objetivo mayor, es que cada colombiano pueda identificar nítidamente a la pequeña élite, a los clanes nacionales y regionales, que han gobernado nuestra nación y relevando a estas "fami-empresas políticas" podamos recoger los frutos del desarrollo social que nuestros talentos y ventajas competitivas nos pueden brindar.

Que el sol nos ilumine el camino y los vientos de progreso impulsen en la consecución de sus sueños a la inmensa mayoría de los colombianos.

"Esto ha hecho de Colombia un país paradójico, en el cual durante casi dos siglos los dos partidos mayoritarios han mantenido una amarga enemistad sin ocultarlo, si bien, se han unido tácitamente a fin de garantizar que el pueblo nunca tuviera una verdadera representación"

Gerald Martin, "Gabriel García Márquez, una vida", pág. 38.

CAUCA

LOS VALENCIA

Paloma Susana Valencia Laserna

Nació el 19 de enero de 1978, hoy en día tiene 41 años, en la ciudad de Popayán.

El aeropuerto de esta hermosa ciudad tiene el nombre de su abuelo Guillermo León Valencia Muñoz, quien fue presidente de Colombia entre los años 1962 y 1966 por el partido conservador, logrando cumplir así el deseo frustrado de su padre, el poeta Guillermo Valencia Castillo, quien nunca pudo ejercer desde el palacio de Nariño.

Pero su estirpe política no se remonta solo a su abuelo, ella es una princesa de la política, pues los Valencia han estado en la oligarquía colombiana del Cauca desde hace más de 250 años.

Pero antes de escribir sobre la casta de la familia Valencia en el sur del país, quiero ofrecerle un dato muy curioso.

Como es sabido Paloma Susana Valencia Laserna es senadora de la oposición y férrea defensora de las tesis del ex presidente Álvaro Uribe Vélez. Eso no tiene nada de malo, de hecho, para cualquier democracia es muy buena la existencia de una oposición fuerte.

Pero este libro busca rastrear el poder de unas pocas familias en la política nacional, por eso me llama la atención que su primo, el honorable y destacado señor Aurelio Iragorri Valencia, fuese el ministro desde el 19 agosto de 2014 hasta finales de 2017.

Y no solo eso, el querido primo de Paloma Valencia también fue designado gobernador del valle de Cauca por el presidente Juan Manuel Santos tras la destitución de Héctor Fabio Useche, ocupando el cargo desde el 30 marzo de 2012 al 4 mayo del mismo año.

¡Qué bonita familia! Pues tiene una senadora en la oposición y un ministro en el gobierno del presidente Juan Manuel Santos, es decir, en el oficialismo.

En este punto cabe preguntarse, en un fin de semana de visita en la hacienda familiar en algún lugar de Popayán luego de viajar y llegar al aeropuerto que lleva el nombre de su abuelo, ¿cómo evitan las discusiones familiares por las diferencias tan tangenciales que existen entre ellos en materia política?

Entremos ahora en el abolengo de nuestra senadora.

Investigando sobre la noble sangre que ha influenciado en el país con su visión superior, me encontré con un artículo del escritor: Ferney Meneses Gutiérrez titulado **_Los Valencia, un clan antiguo y poderoso,_** en el que cuenta que la influencia de esta visionaria familia ya dura más de 250 años y se remonta a España.

Lo puedes ver aquí:

http://elpueblo.com.co/los-valencia-un-clan-antiguo-y-poderoso/

Cuando me disponía a desentrañar y descifrar el árbol genealógico me llevé una grata sorpresa. El hermano de nuestra bella senadora, Paloma Susana Valencia Laserna, es Pedro Agustín Valencia Laserna, que tiene el mismo nombre excepto el segundo apellido de Pedro Agustín De Valencia, quien se casó en 1739 con la santanderina Jerónima Rosa Sáenz del Pontón, con quien tuvo diecisiete hijos.

Descendiente del gobernador Francisco de Mosquera y Figueroa:

"Adquirió una fortuna considerable, proveniente de las minas, haciendas y otras propiedades que poseyó.

Además, estableció la Casa de Moneda de Popayán en 1748, con grandes erogaciones y venciendo toda clase de obstáculos.

Para asegurarse el buen funcionamiento de esta casa, Fernando VI le concedió licencia fechada el 15 de agosto de 1749 y, por la cuantiosa suma de dinero invertida en esa empresa, el rey lo nombró tesorero de la misma a perpetuidad."

Texto extraído de:

http://www.banrepcultural.org/blaavirtual/biografias/pedro-agustin

Curioso que tuviera el mismo nombre de un ancestro, sin embargo, hay dos datos de mayor relevancia en la cita anterior.

Primer dato: don Pedro De Valencia era hijo de un gobernador.

Segundo dato: lograron, luego de muchos ires y venires tener el control de la casa de la moneda, es decir, acuñar moneda, lo que se convirtió un excelente negocio familiar.

Política y negocios familiares unidos desde la época de la colonia.

Pero volvamos al hermano de nuestra senadora quien, como ya relatamos, está en la oposición del gobierno del presidente Santos.

Su hermano, Pedro Agustín Valencia Laserna, fue nombrado inspector general de la Dirección Nacional de Inteligencia (DNI) organismo que reemplazó al DAS por el escándalo de las chuzadas y estuvo en este cargo desde el 11 septiembre de 2012 hasta el 23 de diciembre de 2014.

REPÚBLICA DE COLOMBIA

PRESIDENCIA DE LA REPÚBLICA

DECRETO NÚMERO 1899 DE 2012

11 SEP 2012

Por el cual se hace un nombramiento

EL PRESIDENTE DE LA REPÚBLICA DE COLOMBIA

en ejercicio de las facultades constitucionales que le confiere el numeral 13 del artículo 189 de la Constitución Política y el Decreto 4179 de 2011

DECRETA:

ARTÍCULO 1°. Nómbrase a partir de la fecha, al doctor **PEDRO AGUSTÍN VALENCIA LASERNA**, identificado con la CC. No. 76.328.400 de Popayán, en el cargo de Inspector General de la Dirección Nacional de Inteligencia.

ARTÍCULO 2°. El presente Decreto rige a partir de la fecha de su expedición.

PUBLÍQUESE, COMUNÍQUESE Y CÚMPLASE

Dado en Bogotá. D.C., a los

11 SEP 2012

Fuente: *https://www.las2orillas.co/el-hermano-de-paloma-valencia-la-senadora-uribista-trabaja-en-la-central-de-inteligencia/*

Este cargo le responde directamente al presidente como se lee en la propia página web de la DNI, acá le dejo la imagen para que lo revise:

En los párrafos 2 y 4 se lee:

"podrá comunicar al presidente cualquier información…"

"… podrá entrevistar a cualquier servidor de la Dirección Nacional de Inteligencia y tener acceso a las órdenes, procesos, registros o documentos de la misma, para lo cual deberá cumplir los procedimientos establecidos en la ley…"

La dirección general de la DNI fue precedida por el almirante Álvaro Echandía quien era uno de los hombres de confianza del presidente Juan Manuel Santos desde que este era el ministro de defensa del presidente Álvaro Uribe Vélez.

Pero su primo Francisco Santos Calderón, de quien tengo un bello recuerdo cuando traté de trabajar en el periódico "El Tiempo" al terminar mis estudios de bachiller, acusó al almirante de haberlo utilizado de "gancho ciego" en compañía del entonces comandante de la Armada, Guillermo Barrera, para señalar a Arango Bacci:

Permítanme imaginar cómo serán las reuniones familiares de estas dos familias, la Valencia y los Santos, pues en ambas familias tienen fichas claves en las dos corrientes políticas más importantes de la actualidad nacional.

Hemos visto que el abolengo de los Valencia viene desde el siglo XVIII, pero veamos otro importante integrante de esta familia por el lado materno, por los Laserna, el señor Juan Mario Laserna Jaramillo, a quien el ex presidente Uribe nombró como codirector del Banco de la República entre los años 2005 y 2009.

Veremos a lo largo de este libro que los delfines que ocupan los más altos cargos en el estado tienen la mejor formación académica, tanto en las más prestigiosas universidades del país como del mundo entero.

Es el caso de Juan Mario Laserna Jaramillo, quien fue una mente brillante que, además de tener el pedigrí, tenía los capacidades intelectuales para ocupar los más altos cargos en el manejo macro económico del país.

A sus 23 años se graduó de economista de la Universidad de Yale y 6 años más tarde recibió la maestría *Business Administration*, de *Stanford University* y también fue consultor del BID (2003).

Digo que "tenía el pedigrí" por un dato menor que se me olvidaba contarles. Su padre, Mario Laserna Pinzón, fue el fundador de la Universidad de los Andes el 16 de noviembre de 1948. Un año mágico para la historia colombiana.

¿Pero es un pecado ser el hijo del fundador de los Andes, genio y tener conexiones políticas?

Claro que no, si algo hay que admitirles y admirarles a la elite nacional es que saben aprovechar las ventajas de su clase social.

Se preparan, estudian en las mejores universidades del mundo y regresan al país para dirigirlo.

Pensemos por un momento que hay una vacante en el ministerio de comercio exterior y se presentan dos candidatos:

Uno, delfín de las clases políticas con estudios en el exterior que habla 3 idiomas y ha vivido en Europa y USA, además de que sus padres o tíos fueron senadores, embajadores o algún otro alto cargo.

Y en la otra esquina se presenta un colombiano común, promedio, que con mucho esfuerzo terminó el pregrado.

¿Quién se quedará con el cargo?

Sencilla la respuesta.

Los miembros de estas dinastías saben aprovechar las oportunidades.

¿Tienen alguna culpa de nacer con el viento a favor?

¡Claro que no!

Muchos de nosotros, entrando a los 20 años, no teníamos ni la más remota idea de qué hacer con nuestras vidas, mientras que pocas ovejas negras o descarriadas tienen en estas élites.

Además, estas élites tienen nuestro consentimiento, pues nosotros votamos por ellos, los reelegimos en cuerpo ajeno cada 4 años y nos peleamos con nuestros familiares y amigos porque no votan ni apoyan por nuestro candidato.

Pero no perdamos el norte, continuemos con Juan Mario Laserna Jaramillo, fallecido en julio del 2016 en Ibagué en un accidente de tránsito:

https://www.elespectador.com/noticias/politica/murio-exsenador-juan-mario-laserna-accidente-de-transit-articulo-645139

Su carrera política comienza en la década de los 90 cuando el presidente César Gaviria asume el cargo de presidente de la República.

Fue viceministro de Hacienda y crédito del ministro Juan Camilo Restrepo. En 2010 fue electo senador de la República por el partido conservador.

No olvidemos que su tío, Guillermo Laserna Pinzón, es el padre de Paulo Laserna Phillips, presidente del canal Caracol entre 2001 y 2011. Es decir, son primos.

Pero volvamos a Paloma, por donde comenzamos.

Ya dijimos que fue nieta del presidente de la República, Guillermo León Valencia (27 abril de 1909 - 4 noviembre de 1971) por el lado paterno y por el lado materno es nieta del fundador de la Universidad de los Andes y su padre es el ex senador conservador, Ignacio Valencia López, quien como ya dijimos, es nieto de Guillermo Valencia Castillo (29 octubre de 1873 - 8 julio de 1943).

Miremos a la hermana de Paloma Valencia, Cayetana Valencia Laserna.

Es la esposa de Juan Carlos Pastrana Arango, sí señor, hermano del ex presidente Andrés Pastrana Arango, como puedes ver aquí:

https://gw.geneanet.org/epareja?lang=es&n=pastrana+arango&oc=0&p=juan+carlos

No podemos olvidar tampoco a nuestro ministro de agricultura Aurelio Iragorry Valencia, quien ya sabemos que es nieto del ex presidente Valencia y primo de Paloma Valencia.

Miremos quién fue su padre, el honorable senador Aurelio Iragorry Hormaza, quien nos bendijo con su luz en el congreso de la República desde 1991 hasta 2010 y fue gerente de las centrales eléctricas del Cauca por allá por 1962.

También fue gerente del instituto colombiano de energía eléctrica en el gobierno de Misael Pastrana y de Julio César

Turbay y en 1966 se casó con Diana Valencia, hija del ex presidente Guillermo León Valencia.

Se ha desempeñado en diferentes cargos públicos, entre ellos el de viceministro del Interior y luego viceministro de Relaciones Políticas en el mismo Ministerio.

Luego se desempeñó como ministro del Interior entre septiembre de 2013 y agosto de 2014 en el gobierno de Juan Manuel Santos y el 31 de julio de 2014 fue designado como ministro de Agricultura por el mismo señor presidente y tomó posesión del cargo el 19 de agosto de 2014.

Dicho esto, ahora me pregunto con total ingenuidad...

¡Debe ser una lumbrera este señor, pues tiene la capacidad para desempañarse como ministro del interior y luego como ministro de agricultura!

¿Debe ser que con los altos pergaminos de sus estudios en el exterior aprenden a dirigir tan diferentes entidades del estado colombiano?

¡Qué pilera, qué prohombre, tan brillante!

¡La genética o los cielos les dieron a estas familias habilidades intelectuales superiores a todos sus compatriotas!

No podemos dejar pasar al esposo de Paloma Valencia, el economista Tomás Rodríguez Barraquer, quien es hijo del ex ministro de ambiente Manuel Rodríguez, quien impulsó la creación de dicho ministerio y fue el primero en ocupar dicho cargo en 1993, en el gobierno de César Gaviria, y de la hija del fundador de la Barraquer, la prestigiosa Carmen Barraquer - Coll.

Tomás Rodríguez es doctor en economía en la Universidad de Stanford y también matemático de Oxford y de London Scholl of Economics.

Inventario de la familia Valencia

Hagamos el inventario de cargos públicos que esta familia ha tenido a lo largo de la historia nacional:

Ministerio de agricultura.

Ministerio de ambiente.

3 senadores de la República (uno de ellos por una década).

Una presidencia de la República.

Inspector general en la DNI,

Codirección del Banco de la República.

2 vice ministerios, uno de hacienda y crédito y el otro del interior.

Una gobernación en la época en que éramos colonia española.

Otra gobernación del Cauca de Aurelio, el primo de Paloma.

Gerencia en el Instituto de Energía Eléctrica colombiano.

Y un consulado, si le sumamos a la hermana de Andrés Pastrana Arango, Cecilia Pastrana Arango, pues la conexión familiar se da por Cayetana, quien es esposa de Juan Camilo Pastrana Arango.

Miremos a un embrión de delfín, Santiago Pastrana Puyana, hijo del ex presidente Andrés Pastrana, quien ha tenido una pequeña aparición como militante del partido conservador y tuvo la fortuna y la dicha de casarse con la bella Sabina Nicholl Ospina.

Sí señor, acertó si pensó en que Sabina es bisnieta de Mario Ospina. Matrimonio de nietos de ex presidentes.

Dicho todo esto, querido compatriota, ahora le pregunto, ¿cuántos cargos de alta dirección ha tenido su familia en los últimos decenios?

¡SI VOTAMOS POR LOS MISMOS, DESPUÉS NO NOS QUEJEMOS!

Estoy seguro de que los integrantes de estas familias me recriminarán cuando lean "Los Dueños de la Finca" y expondrán el siguiente argumento: *"No tenemos culpa de nacer en nuestras familias, ni de aprovechar las oportunidades que la vida nos dio. Y además no todos los miembros de nuestras familias tienen la política como actividad profesional, la gran mayoría trabajan en actividades muy alejadas de la política."*

Eso es cierto, ¿qué culpa tienen la senadora Paloma Valencia Laserna y sus hermanos de ser nietos de un ex presidente y por el lado materno ser nietos del fundador de la Universidad de los Andes?

¿Qué culpa tienen los demás herederos de las otras familias poderosas políticamente de nacer en cuna de oro?

No es ningún pecado tener el sol a tu espalda.

Hicieron su tarea, estudiaron y aprovecharon el viento a favor con que la vida los premió.

Pero con los pocos miembros de las familias, que han ingresado a la política nacional, han creado fami-empresas políticas, feudos electorales y oligarquías cerradas que han tenido en sus manos los altos cargos de dirección de la nación, han gerenciado municipios, departamentos y el país entero, han sido los lideres por décadas y en algunas familias por siglos, por lo tanto, han tomado las decisiones y son los responsables del avance y retroceso de la nación.

Las decisiones que han tomado han afectado a todos los colombianos y son los responsables de la pobreza o riqueza de las poblaciones del territorio nacional.

Hagamos ahora un viaje.

Salgamos del aeropuerto Guillermo León Valencia de nuestra bella ciudad de Popayán y vayámonos para las costas atlánticas del país.

COSTA CARIBE

SUCRE

LOS NAME

José David Name Cardozo

Llegamos a un clima más templado, a una de nuestras bellas costas y aquí, como en toda la geografía nacional, encontramos clanes y familias muy poderosas política y económicamente.

Empecemos este recorrido por el honorable senador José David Name Cardozo, hijo del político José Name Terán (Sincelejo, 5 de febrero de 1936 - Bogotá, 5 de septiembre de 2011) quien fue congresista de la República entre los años 1974 y 2002 por la bobita de 28 años y también fue ministro de trabajo en el gobierno de Virgilio Barco.

En un archivo de "El Tiempo" se lee:

"No se olvidó de que su grupo político ha sido el protagonista de los principales escándalos de corrupción y desgreño en la Costa Caribe.

Name fue motivo de vergüenza en varias ocasiones. Como cuando era ministro de trabajo del presidente Virgilio Barco y tras pedir permiso para hacerse unos exámenes médicos, fue descubierto en un casino en Aruba.

Su coterráneo Juan Slebi le hizo un debate y lo tumbó.

Hombres de su cuerda política, como Julio Borelly, Abelardo Blanco Castilla y Hernán Mogollón, fueron protagonistas de sonados escándalos de corrupción en Cajanal, el Seguro Social y Caprecom.

También su protegido, Elías Sales, terminó preso por malos manejos en la Dirección Administrativa del Senado"

Te dejo el link por si quieres leer el artículo completo:

http://www.eltiempo.com/archivo/documento/CMS-3801525

José David Name Cardozo tuvo una preparación académica envidiable, en su página web oficial, que ya no está disponible, se podía leer: *"Es egresado de la facultad de Administración de Empresas en la Universidad Autónoma del Caribe, adelantó estudios de idiomas en Georgia Tech y se especializó en Gerencia, Gobierno y Asuntos Públicos en Columbia University en Nueva York y la Universidad Externado de Colombia."*

En este link puedes leer su biografía completa:

http://www.josedavidname.com/biografia

En un párrafo posterior de la misma página, un dato me llamó mucho la atención: *"Dentro de su experiencia empresarial previa a la llegada al Congreso de la República, se destaca la gestión realizada en la Gerencia General de la empresa T-Shirt Ltda. y **la Gerencia Comercial de Valencia e Iragorry Corredores De Seguros.** En el año 1999, empezó su labor como cónsul de Colombia en Nueva York, EE. UU., misión que llevó a cabo hasta el año 2005, cuando tomó la decisión de postularse como candidato al Senado de la República".*

Una empresa de seguros con dos apellidos que ya nos resultan familiares, Valencia e Iragorry, y si revisamos la página web de la empresa JLT Valencia & Iragorry encontramos:

"Somos una organización de asesoría, asistencia técnica y profesional en gerencia de riesgos generales y riesgos laborales, administración de programas de seguros y beneficios para empleados.

*Nuestra empresa fue fundada en 1969 en la **ciudad de Popayán**, con la razón social Valencia & Iragorry Ltda. y poco tiempo después su domicilio fue trasladado a Bogotá.*

En el año 2004 el Grupo Jardine Lloyd Thompson (JLT), adquirió la mayoría accionaria de la compañía, y entramos de esta manera a formar parte de uno de los corredores de seguros y reaseguros más grandes del mundo.

Nuestro nombre comercial resume hoy el pasado, presente y futuro de la compañía: JLT Valencia & Iragorry Corredores de Seguros S. A.

Nuestra oficina principal está ubicada en Bogotá D. C., y contamos con sucursales en Barranquilla, Medellín, Cali y Bucaramanga"

Puedes comprobarlo aquí:

http://www.jltcolombia.com/index.php/home/informacion-corporativa/jlt-valencia-iragorri

¿Ve como estas familias hacen negocios entre sí?

Uno de los Name gerencia la empresa de seguros de las familias Valencia e Iragorry que fue fundada en Popayán.

Pero volvamos a nuestro honorable senador y miremos a su tío que también es su tocayo, David Name Terán.

En un artículo de la revista "Semana", escrito por el periodista Daniel Coronell y titulado "La Logia Name", se describe cómo esta poderosa familia ha sabido combinar su pasión política en el servicio al pueblo caribeño colombiano, con los negocios.

Veamos...

"David Name, a través de la empresa Consultores de Desarrollo (Condesa), ha logrado numerosos contratos de obras públicas en toda Colombia. Entre ellos:

1. *La vía Cartagena-Barranquilla.*

2. *El diseño del sistema integrado de transporte masivo de la capital del Atlántico*

3. *La ampliación de la vía circunvalar,*

4. *La interventoría del puente de la 44 en Cali.*

5. *La vía de la prosperidad en el departamento del Magdalena.*

6. *La vía Tame - Puerto Rondón en Arauca.*

7. *La interventoría de Urra 1 en Córdoba.*

8. *El contrato para suministro de energía en San Andrés y Providencia.*

Y muchos más".

Aquí puedes leerlo completo:

http://www.semana.com/opinion/articulo/daniel-coronell-sobre-las-estrategias-de-los-name-para-enriquecerse/532700

El hijo de David Name Terán, el también David Name Orozco, es muy cercano al ex procurador Ordóñez y en algún momento se pensó como fórmula vicepresidencial de la candidatura Ordóñez. Candidatura que no se dio, pues como recordarán, perdió en la consulta frente a Iván Duque y Marta Lucía Ramírez.

Lo interesante a analizar es un factor común en muchos clanes o dinastías políticas de la nación, juega a dos bandas. Es decir, tienen fichas tanto en el oficialismo como en la oposición.

Ya lo vimos con los Valencia, una senadora en la oposición y un ministro de agricultura en el gobierno.

Otra constante o factor común es que las familias tienen empresas que se convierten en grandes contratistas con el estado, este es el caso de los Name y lo veremos en otros lugares de la geografía de la nación, como en el Huila, solo por citar otro caso.

Pero ¿cuáles serán las razones del ex procurador para aliarse con los Name?

No creo que influya para nada en esta decisión la chequera de la empresa familiar *Condesa,* una de las empresas contratistas del estado más grandes del país.

Como ya hemos visto, empresas contratistas del estado financian las candidaturas de sus familiares y afectos y logran así más contratos y más elecciones ganadas.

Pero los hilos del poder de esta familia no solo están en la costa caribeña colombiana, sino que también, gracias a los cielos por ello, nos han ayudado en la capital de la República, la fría Bogotá.

Venga, les cuento. Pero que no salga de nosotros.

María Clara Name Ramírez, es actual concejal de Bogotá y ha sido presidenta del concejo capitalino.

Esa venita política le viene de su madre y su padre, pues su mamá, María Clara Ramírez, fue concejal de Bogotá y su padre, Iván Name, senador de la República. Tal y como informa El Espectador:

https://www.elespectador.com/noticias/bogota/el-poder-de-maria-clara-name-el-concejo-articulo-435334

Una gran pérdida para los intereses de la capital en el congreso de la República fue la quemada de Darío Alberto Name Vásquez en su aspiración de alcanzar la cámara con el aval del partido conservador con el número 117.

Solo obtuvo 2.877 votos. ¡Qué gran pérdida!

Aquí, las estadísticas:

https://elecciones.registraduria.gov.co:81/elec20180311/resultados/99CA/BXXXX/DCA16999.htm

Pasemos ahora a los rivales de los Name, los Char.

ATLÁNTICO

LOS CHAR

A diferencia de casi todos los clanes políticos, su poder no reside en el ejercicio democrático sino en la actividad de comercio, cosa rara, origen distinto.

Fuad Char, fue comerciante por las vueltas del destino, de la vida, un dado del azar, del cosmos.

Un accidente de su padre lo obligó a estar al frente de la tienda de la familia y junto con sus hermanos, crearon un emporio conocido como los "Almacenes Olímpica" y además, crearon integración vertical para atender todas las áreas del negocio.

Un buen artículo que permite ver el desarrollo de esta gran empresa lo encuentra en el siguiente link de la revista "Dinero":

http://www.dinero.com/edicion-impresa/especial-comercial/articulo/una-historia-novela/17643

En ese mismo artículo vemos lo que nos atañe, la concentración del poder político en Colombia en unas pocas familias:

"Y llegó en 1984 con una llamada de Jaime Castro, quien acababa de ser nombrado ministro de gobierno en la segunda etapa del gobierno de Belisario Betancur, para ofrecerle la gobernación del Atlántico. Recordemos que hasta 1988 los alcaldes eran escogidos por el gobernador del departamento y los gobernadores eran designados por el presidente de la República."

Aquí tienes los datos de la registraduría:

https://www.registraduria.gov.co/Se-cumplen-25-anos-de-la-primera.html

Una pregunta muy oportuna en este momento es...

¿La elección popular de alcaldes y gobernadores rompió la hegemonía de los monopolios políticos?

Para la triste realidad de la República, la respuesta es NO.

Miremos entonces el poder político de esta familia y empecemos por Arturo Char.

Arturo es hijo de Fuad Char y actualmente es senador de la República por Cambio Radical, el día en que escribo estas líneas (12 marzo de 2018) ha salido electo nuevamente senador de la República con 126.628 votos, como consta en la página de la registraduría nacional.

Alejandro Char fue alcalde de Barranquilla en el periodo entre 2016 y 2019, por lo que se puede decir que es un buen repitente, pues ya había estado en este cargo en los años 2008 y 2011.

Hagamos pues, el inventario de los cargos políticos de la familia Char.

Por don Fuad Char tenemos:

Una gobernación del Atlántico.

Y un curul en el senado.

Por Alejandro Char:

2 alcaldías de Barranquilla.

Por Arturo Char:

2 periodos en el senado.

¿Cuántas gobernaciones o alcaldías hay en su familia, querido lector?

45

LA IZQUIERDA Y LA DERECHA, FRONTERAS DIFUSAS

En el momento que escribo estas líneas, estamos ya a las puertas de la elección presidencial y se vislumbra una fuerte campaña igual o más intensa que para el congreso de la República efectuadas hace dos semanas.

Unos de los objetivos de este libro es mostrar los lazos familiares de nuestros políticos y sus cercanos amigos, que se han mantenido en el poder.

Se esperaría que personas de diferente línea política, con visiones del país diferentes y partidarios de diferentes modelos económicos, fueran opositores, ¿cierto?

¡Pues nada más lejos de la realidad!

Unamos dos artículos para ejemplarizar las fronteras borrosas entre la izquierda y la derecha colombianas.

Comencemos con un artículo del periodista Daniel Coronell en la revista "Semana", le dejo el link, en el que recuerda su primera entrevista al actual candidato Gustavo Petro:

https://goo.gl/fJoJni

Pero lo que llamó mi atención en este artículo no es el paso de este ciudadano por un grupo guerrillero y la evidencia audiovisual, pues parecía muy lejana la militancia del ex alcalde en los movimientos al margen de la ley, sino un dato que aparece al final de la entrevista, cuando relata que Petro votó por Alejandro Ordóñez para procurador y que un miembro de su confianza, Diego Bravo, fue nombrado por Ordóñez en la procuraduría.

Nos cuenta Daniel Coronell que Gustavo Petro, al llegar a la alcaldía, nombró al mismo Diego Bravo gerente de la empresa de Acueducto.

Luego Ordóñez se basó en las decisiones del gerente Bravo para destituir a Petro y, como dice textualmente Coronell: *"darle el aire político del que hoy goza".*

Recordará el lector que Petro fue vinculado de nuevo en el cargo y que este tire y afloje le sirvió para victimizarse, pues Petro siempre ha utilizado ser víctima para excusar su falta de gestión.

Gustavo Petro ha tenido tres grandes amores en su vida, felicitaciones por ello, ha tenido tres matrimonios.

El primero de ellos fue con Mary luz Hernán, cuando ambos eran militantes del grupo terrorista M-19, que operaba al margen de la ley.

El segundo con Marilú Serrano.

Pero el que es atípico es el último con la bella Verónica Alcocer.

La familia de su nueva esposa es afecta al partido conservador y su abuelo paterno fue alcalde de Sincelejo.

Los Alcocer son grandes jugadores de la política en Sincelejo, un primo de la tercera esposa de Gustavo Petro es Mario Alberto Fernández Alcocer, quien ha sido concejal de Sincelejo y senador por el partido liberal.

Aquí lo puedes corroborar:

http://www.congresovisible.org/congresistas/perfil/mario-alberto-fernandez-alcocer/8474/

Un dato adicional, la esposa de Mario A. Fernández Alcocer es Ana maría Castañeda, quien luego de una lucha frente a los órganos electores colombianos, logró tener su curul en el congreso colombiano, este dato lo ampliaremos más adelante.

¡Qué gran ejemplo nos dan las "fami-roscas políticas"!

Pues si un ex guerrillero del ala radical de la izquierda se puede casar con una mujer miembro de una de las familias conservadoras del Caribe colombiano por tradición, ¿por qué nosotros no podemos entender a mis familiares que piensan diferente?

Familia que hace política unida, progresa unida a pesar del atraso de la mayoría del territorio nacional.

¿Cómo evitaran las peleas en las reuniones familiares en un fin de semana cuando tienen visiones diametralmente opuestas?

Tengo una sugerencia a la pregunta anterior, muy al estilo gringo, "son negocios no es nada personal".

Ya hablaremos de Sincelejo y de las familias poderosas de esta tierra. Por ahora volvamos a su santidad Ordóñez.

Sabemos que Ordóñez es de la extrema derecha, pero para ser procurador necesitó los votos de la izquierda del entonces senador Petro, a quien mágicamente y sin ningún interés particular le nombraron a su amigo Diego Bravo en tal importante entidad.

Además de esto, el señor procurador también nombró 262 procuradores grado II con sueldo por encima de los 25 millones de pesos.

No sabemos a qué congresistas o amigas con derechos, favoreció el santísimo procurador.

El otro artículo es del periódico "El Espectador" y se titula "Amante del senador Bernabé Celis gana $ 25 millones":

https://www.elespectador.com/noticias/politica/amante-de-senador-bernabe-celis-gana-25-millones-articulo-743639

En este nos cuenta que el ciudadano Bernabé Celis, senador y candidato nuevamente al senado por Cambio Radical con el #12, obtuvo 49.237 votos y "lastimosamente" para la democracia colombiana no nos acompañará en el congreso y no podrá nombrar a sus familiares y amigas con derechos, en cargos públicos de alta remuneración como es el caso de Magda Patricia Romero O. quien fue nombrada por nuestro querido Alejandro Ordóñez como procuradora judicial grado II.

Cabe preguntarse si fueron las conexiones sociales y políticas de la excelentísima Procuradora Magda P. Romero, pues como nos narra el citado artículo: *"señaló que la nombró en el cargo Alejandro Ordóñez hace siete años, **porque era gran amigo de mi papá** y porque Ordóñez fue su profesor".*

No importa si esta señora fue nombraba por el apoyo del senador Celis o porque el procurador Ordóñez fue su profesor o amigo de la infancia de su papá. Esta distinguida dama tiene altas conexiones.

No narraré todo el artículo, pero quiero dejar varios elementos para su consideración querido compatriota.

Según el citado artículo de "El Espectador":

"Los procuradores grado II son puestos que le cuestan a la nación 39 millones de dólares al año.

Sus conceptos no son de cumplimiento obligatorio, por lo cual, se pueden eliminar de la nómina de la procuraría y nos ahorraríamos esa conversación.

Estos procuradores son el 10% de la nómina de la procuraduría y el 63,59% fueron nombrados por Alejandro Ordóñez."

En otras palabras, mientras nosotros peleamos con amigos y familiares por apoyar a los diferentes políticos, ellos hacen sus negocios sin importar si son de izquierda o derecha, parodiando una frase muy famosa:

"No importa si es de izquierda o derecha, si tiene votos es un buen gato"

Fronteras difusas entre la izquierda y derecha nacional.

La Izquierda tiene lo suyo

Decía un profesor mío en la universidad, que Colombia es el país de los ejemplos y lo sustentaba en la biodiversidad de nuestra naturaleza:

"La tierra nos ha bendecido con tanta flora y fauna que parte de ella se nos ha colado en la política nacional."

EL CHOCÓ

EL CHOCÓ, CUNA DE IMPERIOS POLÍTICOS

Una de las ideas que deben quedar en el aire al leer este libro es la relación directa y lineal del atraso y subdesarrollo de nuestra nación con la concentración del poder político en unas pocas manos.

Uno de los rincones y esquinas más biodiversas del mundo es el departamento del Chocó, pero también es uno de los más pobres de Colombia.

Desde la fundación del departamento, en la década de los 40, los mismos apellidos se repiten: los Córdoba, los Palacios, los Maya y los Lozano. Y desde la década de los 80, otros dos apellidos entraron al portafolio: los Sánchez Montes de Oca y los Torres.

Miremos pues estas empresas familiares políticas.

EL CORDOBISMO

"Los cielos tengan piedad de nosotros"

Piedad Córdoba

Piedad Esneda Córdoba Ruiz es hija de Zabulón Córdoba y de Lía Ruiz, su padre oriundo del Chocó y su madre antioqueña.

Militó en el partido liberal y ahora pertenece a la crema innata de la izquierda nacional.

Su militancia en esta colectividad se mantuvo hasta su inhabilidad en 2010 y su linaje político tiene un gran logro para el país, la ley 13 de 1947, la creación del departamento del Chocó.

Su tío, Diego Luis Córdoba, fue el ponente de dicha ley cuando fue representante suplente a la cámara por el departamento de Antioquia y además de integrante del senado desde dicha fecha hasta entrada la década de los 60, también fue embajador de Colombia en México, país donde falleció.

La carrera política de la senadora, famosa por sus turbantes, comienza en la capital de Antioquia, Medellín, de la mano protectora del político William Jaramillo.

Como líder comunal, gracias a su gran elocuencia, se destaca en los barrios de la ciudad de la eterna primavera y en el periodo entre 1984 y 1986 obtiene su primer cargo público como contralora municipal hasta que en 1986, su padrino político fue nombrado alcalde y la hizo su secretaria privada.

En 1988 ganó su primer puesto por elección popular como concejal de Medellín y luego se presentó a la cámara de representantes y al no lograr llegar a esta corporación se lanzó de nuevo al ruedo político, pero esta vez como diputada en el departamento de Antioquia.

Luego de la asamblea nacional constituyente se presentó de nuevo como candidata a la cámara de representantes y logrando, esta vez sí, obtener su curul para los años 1992 a 1994.

En 1994, año del mundial de futbol, su padrino político William Jaramillo se retiró de la escena política y todo su caudal electoral pasó a manos de su pupila, Piedad Córdoba.

Su poderío electoral tiene como base la ciudad de Medellín, pero recibe un gran apoyo del departamento del Chocó, donde sus familiares son grandes líderes del partido liberal colombiano.

Miremos un ejemplo:

Los Córdoba tienen gran influencia y poder en el departamento del Chocó y si los Valencia tienen un aeropuerto en Popayán con el nombre de su abuelo Guillermo León Valencia, los Córdoba tienen una universidad con el nombre de su tío fundador; la Universidad Tecnológica del Chocó Diego Luis Córdoba.

Fuente: Página oficial de la universidad *https://www.utch.edu.co/portal/es/*

Esto no es ningún delito, ninguna falta, lo que muestra es una de las características de nuestra tradición política, endiosar a los gamonales y rendirles pleitesía.

A menudo, se nos olvida que los funcionarios públicos deben ser servidores públicos. Ni son rockstars ni son reyes y nosotros NO somos su club de fans, pero a la hora de votar nos comportamos como adolescentes enamoradas y no como ciudadanos en ejercicio. Así que, por actuar así, somos cómplices de la hegemonía de clanes familiares.

Desde su fundación en 1947, los Córdoba ha sido los protagonistas del escenario político de este departamento.

Miremos unos pocos ejemplos:

Carlos Alberto Escobar Córdoba

Nieto de don Diego Luis Córdoba, fue representante a la cámara por el departamento del Chocó entre los años 2010 y 2014 obteniendo 15.002 votos siendo integrante del partido liberal.

Fue condenado por nexos con grupos paramilitares, como se lee en la página de "Congreso Visible":

http://www.congresovisible.org/congresistas/perfil/carlos-alberto-escobar-cordoba/2044/#tab=4

Como se lee en "Chocó 7 días", estos han sido sus cargos y estudios:

"Ingeniero civil con especializaciones en gestión pública en la ESAP y en Gerencia de Empresas Constructoras en la EAN. He sido secretario de obras públicas de Quibdó, alcalde de Quibdó por elección popular 1992 a 1994, profesor catedrático de la UTCH y candidato a la gobernación del Chocó, en 2003 y 2007".

Aquí lo puedes ver de primera mano:

http://www.choco7dias.com/746/entrevista.htm

Darío Córdoba Rincón

Senador de la República temporalmente y representante a la cámara por el departamento del Chocó desde 2002 a 2006 por el partido liberal con 18.977 votos, como se lee en la página "Congreso Visible":

http://www.congresovisible.org/congresistas/perfil/dario-cordoba-rincon/465/#tab=4

Tras fallecer el 11 de agosto de 2003 en un accidente aéreo, fue reemplazado en su curul por Beznaida Córdoba Paneso, también se puede verificar esta información en la página de "Congreso Visible":

http://www.congresovisible.org/congresistas/perfil/beznaida-cordoba-panesso/1106/#tab=4

Wilson Córdoba Mena

Representante a la cámara por el departamento de Antioquia desde el 20 de julio de 2014 con el aval del centro democrático y psicólogo de la universidad UNAD de profesión.

Fuente: http://wilsoncordobamena.blogspot.com.co/p/chigorodo.html

Francisco Wilson Córdoba López

Fue el reemplazo permanente de Darío Córdoba Rincón en el congreso de la República del 16 junio del 2003 al 19 de julio 2006, como se puede verificar en la página de "Congreso Visible":

http://congresovisible.org/congresistas/perfil/francisco-wilson-cordoba-lopez/464/#tab=4

Hijo de Elvira López López, como aparece en su cuenta de Facebook, fue candidato a la gobernación del Chocó para el periodo 2011-2015 quedando en tercer puesto con 23.424 votos que equivalen al 18.56 % como se ve en la página de la registraduría nacional del estado civil.

Fue alcalde de Quibdó.

Cristóbal Rufino Córdoba Mosquera

Nacido en Virudó, Bajo Baudó, en el departamento del Chocó el 16 de Noviembre de 1958.

Se graduó como administrador de empresas en el año 1993 y obtuvo una especialización en Finanzas Públicas de la ESAP en el año 2000.

Su actividad política en su departamento ha sido constante, veamos:

Secretario de gobierno del Chocó.

Secretario de hacienda de Quibdó.

También ha fungido como **representante a la cámara** y además, como **director nacional de plan Pacífico**.

Asesor financiero de varios municipios del Chocó.

Como si fuera poco, **alcalde encargado de Bahía Solano** y **gobernador encargado del Chocó.**

Actualmente es **senador de la República**, donde ha sido **presidente de la comisión quinta en 2008**.

Todos estos datos son tomados de la página web "Congreso Visible":

http://www.congresovisible.org/congresistas/perfil/cristobal-rufino-cordoba-mosquera/24/#tab=0

William Halaby Córdoba

Exgobernador del Chocó entre los años 2001 y 2003, fue condenado por irregularidades en la celebración de contratos.

Por último, no olvidemos que uno de los hijos de Piedad córdoba, Juan Luis Castro Córdoba, fue electo senador de la República, tal y como se ve en la página de la registraduría:

https://elecciones.registraduria.gov.co:81/elec20180311/resultados/99SE/BXXXX/DSE99999.htm

Miremos el inventario de los cargos que los Córdoba han ostentado:

5 periodos en la cámara de representantes.

2 alcaldías de Quibdó.

2 gobernaciones del Chocó.

5 curules en el senado.

Una embajada en México.

Entre muchos otros cargos...

¿Tendrán alguna pequeña participación, algún minúsculo porcentaje de responsabilidad los Córdoba y sus ejercicios al frente del departamento del Chocó con el atraso de esta región?

Querido lector, ¿cuántas veces sus familiares han sido gobernadores y alcaldes de su región?

Muchas veces las familias ayudan a sus amigos más cercanos para que continúen sus legados y lleven a nuestra nación por los caminos del progreso y desarrollo social y no es para mantenerse en poder en cuerpo ajeno.

No, ¿qué va a ser para eso?

¡No podemos ser tan mal pensados e hilar tan fino!

Y el caso de Daniel Palacios Martínez, (1928 - 2016), es solo una mera coincidencia, al ser uno de los sucesores de Diego Luis Córdoba tras su muerte.

Además, fue senador de la República y gobernador del Chocó en el gobierno de César Gaviria.

Entonces, al inventario de la familia Córdoba podemos agregarle una curul en el congreso y una gobernación más.

Pero el Chocó no solo tiene un clan político, tenemos otras familias que también ha tenido su participación en la dirección de la gobernación y las alcaldías de los municipios chocoanos.

Bienvenidos al juego de la oca...

LOS SÁNCHEZ MONTES DE OCA

El patriarca fundador fue el señor Rafael Sánchez, quien fue concejal de Quibdó y después diputado en la asamblea departamental y se casó con Luz Marina Montes de Oca, quien también fue diputada departamental.

Entre campañas, discursos y correrías, les quedó tiempo para el amor y fruto de ello, los cielos los bendijeron con 6 hijos, tres varones y tres hermosas niñas.

Algunos de los hijos Sánchez Montes de Oca tomaron los caminos del servicio social a las comunidades y nos aportaron, gracias a los cargos que ocuparon, su visión superior de desarrollo.

Miremos un poco en detalle.

Odín Sánchez Montes de Oca

Uno de los mejores atletas en el salto largo de la política es nuestro campeón Odín Sánchez Montes de Oca, quien fue concejal de Quibdó en 1993 y luego, en un gran salto político, llegó a la asamblea de su departamento y en 1998, como muestra de su destreza política, fue representante a la cámara, cargo al que volvió en el 2006:

http://www.congresovisible.org/congresistas/perfil/odin-horacio-sanchez-montes-de-oca/904/

No es fácil dar ésos saltos en la política, de concejal de un municipio, a diputado de todo el departamento. El salto está en no pasar por ser alcalde de ningún municipio.

En 2009 fue capturado por posibles nexos con grupos al margen de la ley.

Los políticos también han sufrido en carne propia la dura realidad nacional, no podemos olvidar que Odín Sánchez fue secuestrado por grupos al margen de la ley luego de estar en la cárcel. Les dejo un buen artículo de la revista "Semana" para que complementen la lectura:

https://www.semana.com/nacion/articulo/odin-sanchez-condenado-en-la-carcel-por-parapolitica-y-secuestrado-por-el-eln/514319

Patrocinio Sánchez de Oca

Su hermano, Patrocinio Sánchez de Oca, también es un ilustre político del Chocó.

Fue electo gobernador de ese departamento el 28 de octubre de 2007 por el partido de la Unidad Nacional, o "partido de la u", con 51.494 votos que equivalen al 38,40 % del total de la votación, tal y como se ve en la siguiente imagen tomada de la registraduría nacional del estado civil

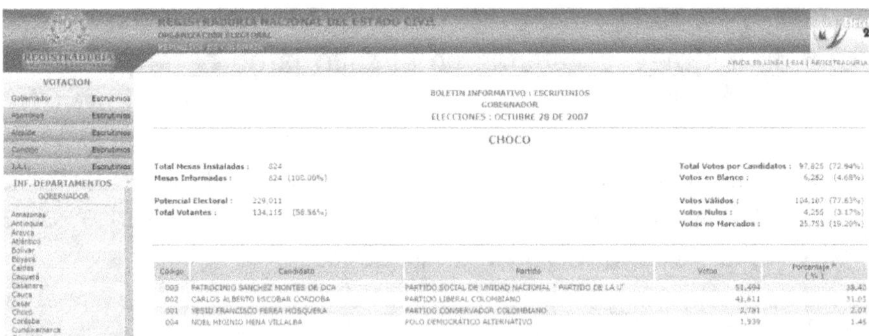

REGISTRADURÍA NACIONAL DEL ESTADO CIVIL
ORGANIZACIÓN ELECTORAL

BOLETIN INFORMATIVO : ESCRUTINIOS
GOBERNADOR
ELECCIONES : OCTUBRE 28 DE 2007

CHOCO

Total Mesas Instaladas :	624	Total Votos por Candidatos :	97.825 (72.94%)
Mesas Informadas :	624 (100.00%)	Votos en Blanco :	6.282 (4.68%)
Potencial Electoral :	229.011	Votos Válidos :	104.107 (77.63%)
Total Votantes :	134.115 (58.56%)	Votos Nulos :	4.256 (3.17%)
		Votos no Marcados :	25.753 (19.20%)

Código	Candidato	Partido	Votos	Porcentaje * (%)
003	PATROCINIO SANCHEZ MONTES DE OCA	PARTIDO SOCIAL DE UNIDAD NACIONAL " PARTIDO DE LA U"	51.494	38.40
002	CARLOS ALBERTO ESCOBAR CORDOBA	PARTIDO LIBERAL COLOMBIANO	41.611	31.03
001	YESID FRANCISCO PEREA MOSQUERA	PARTIDO CONSERVADOR COLOMBIANO	2.781	2.07
004	NOEL HIGINIO MENA VILLALBA	POLO DEMOCRÁTICO ALTERNATIVO	1.939	1.45

Además, fue alcalde de Quibdó en 2001.

Astrid Sánchez Montes de Oca

También tiene la vena política familiar y logró ser representante a la cámara por el "partido de la u".

El poderío electoral de esta familia ha logrado bajar los índices de desempleo de sus familiares, pues Orelene Sánchez Montes de Oca, ha sido secretaria distrital de educación, Siris Sánchez Montes de Oca es subdirectora técnica del Departamento Administrativo de Salud; y Sony Sánchez Montes de Oca, quien suena como candidata para la alcaldía de Quibdó:

http://www.semana.com/nacion/articulo/el-imperio-chocoano/115901-3

Una vez más, veamos el inventario de los cargos públicos de esta familia:

1 gobernación de Patrocinio.

3 asientos en la asamblea departamental: uno de Rafael, uno de Luz Marina y otro de Odín.

2 concejos de Quibdó: uno de don Rafael y otro de Odín.

2 veces en la cámara de representantes.

¿Qué responsabilidad tienen los Sánchez Montes de Oca en la pobreza extrema del Chocó?

Mucha, pues han estado al frente de los altos cargos de dirección pública de su departamento por décadas.

Pero no son los únicos responsables, los chocoanos también han tenido su cuota de responsabilidad, pues los han elegido una y otra vez.

Los políticos no se eligen solos, aunque ellos desearían que así fuera porque piensan que tener que juntarse con los pobres cada 4 años para las elecciones, son sacrificios que les pone la vida.

Como dicen ahora en las redes sociales: *"dejaré esto por acá y me retiraré lentamente"*.

El presupuesto del choco para el año 2018 es de TRESCIENTOS OCHENTA Y NUEVE MIL SETECIENTOS VEINTITRÉS MILLONES NOVECIENTOS DOS MIL QUINIENTOS PESOS M/CTE ($ 389.723.902.500) algo así como 130 millones de dólares. ($ 129.907.967):

http://choco.micolombiadigital.gov.co/sites/choco/content/files/000022/1066_presupuestoliquidado2017.pdf

DECRETA:

PRIMERA PARTE

PRESUPUESTO DE RENTAS Y RECURSOS DE CAPITAL

ARTICULO PRIMERO: Determinese el Presupuesto General de Rentas y recursos de capital de la Administración Central del Departamento del Chocó, para la vigencia fiscal comprendida entre el primero (1º) de enero y el treinta y uno (31) de diciembre del año dos mil diecisiete (2017) en la suma de **TRESCIENTOS OCHENTA Y NUEVE MIL SETECIENTOS VEINTITRÉS MILLONES NOVECIENTOS DOS MIL QUINIENTOS PESOS MCTE ($389,723'902,500,oo)**, distribuidos de la siguiente manera:

PRIMERA PARTE-INGRESOS

A. INGRESOS DEL DEPARTAMENTO

1	INGRESOS TOTALES	389,723,902,500
1.1.	INGRESOS CORRIENTES	361,223,951,500
1.1.1	TRIBUTARIOS	76,239,113,495
1.1.1.1	DIRECTOS	4,756,082,021
1.1.1.1.1	Vehiculos Automotores	135,089,894
1.1.1.1.1.2	Vehiculos Automotores Vigencia Actual	135,089,894
1.1.1.1.2.1	Vehiculo Automotor - Transferencia Mupios 20%	27.017.978
1.1.1.1.2.2	Vehiculo Automotor - Libre Destinación	108.071.916
1.1.1.1.2	Impuesto de Loterias Foráneas	428.225.473
1.1.1.1.2.1	Loterias Foráneas 68% para Régimen Subsidiado	291.193.321
1.1.1.1.2.2	Loterias Foráneas 12% para Prestación de servicios de salud	51.387.057
1.1.1.1.2.3	Loterias Foráneas 6% para Fondo de Investigación en Salud	29.975.783
1.1.1.1.2.4	Loterias Foráneas 5% para Vinculación al Régimen Subsidiado Adulto Mayor	21.411.274
1.1.1.1.2.5	Loterias Foráneas 4% para Vinculación al Régimen Subsidiado a personal discapacitado	17.129.019
1.1.1.1.2.6	Loterias Foráneas 4% para Vinculación al Régimen Subsidiado Población menor de 18 años	17.129.019

Saque usted sus propias conclusiones.

La izquierda en Colombia ha tenido menos oportunidades para gobernar, razón por la cual los círculos de poder familiares son de menor trayectoria en el tiempo, pero esto no quiere decir que no se den.

Miremos cortamente al departamento de Nariño.

¡SI VOTAMOS POR LOS MISMOS, DESPUÉS NO NOS QUEJEMOS!

NARIÑO

LOS ROMERO

En nuestro querido Nariño la izquierda ha sido muy fuerte.

El actual gobernador, Camilo Romero, nació en una familia con marcada tendencia de izquierda, su padre Ricardo Romero Sánchez y su tío Heraldo Romero son afines a la izquierda nacional.

De hecho, su padre militó en el M-19 y fue tres veces concejal de Pasto, candidato al senado y miembro del directorio nacional del AD-M19.

En este momento es alcalde de la ciudad de Ipiales.

Para que quede claro, el hijo es gobernador y el papá alcalde de una ciudad del mismo departamento con más de 100.000 habitantes.

Gobernación y alcaldía en las manos de una misma familia en el mismo periodo.

Pareciera que en Colombia no hay democracia, sino monarquías, feudos electorales, no importa si son de izquierda o derecha, las familias, los caciques, se comportan de la misma manera y tienen los mismos procedimientos, las mismas mañas.

Otro dato adicional muy curioso es que la señora Miriam Margot Martínez, esposa de Ricardo Romero, trabajó en la alcaldía de Bogotá por el tiempo de nuestro querido "Samy", Samuel Moreno Rojas, y tuvo algunos pequeños contratiempos y fue destituida e inhabilitada por "pequeñeces" en el relleno de doña Juana:

https://lasillavacia.com/quienesquien/perfilquien/camilo-romero-galeano

Esta mecánica burocrática la utilizan por igual los partidos de izquierda y derecha, nombrar a los familiares y amigos en las administraciones bajo su control en su periodo: *"Yo te nombro tus amigos en mi alcaldía y tú me nombras los míos en la tuya"*.

Recordemos que "Samy" fue alcalde de la capital colombiana por el Polo Democrático, partido de izquierda.

Los dos Romero fueron electos por diferentes partidos, el hijo gobernador de "Somos Nariño" para Camilo en la gobernación y para el papá en Ipiales y el aval se dio por el partido MAIS, como se ve las siguientes imágenes de los resultados de la registraduría:

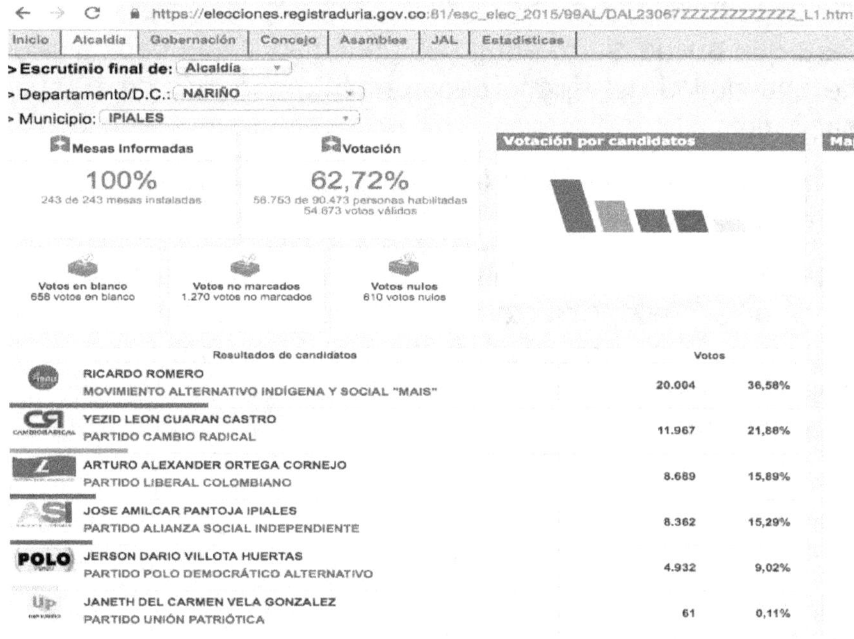

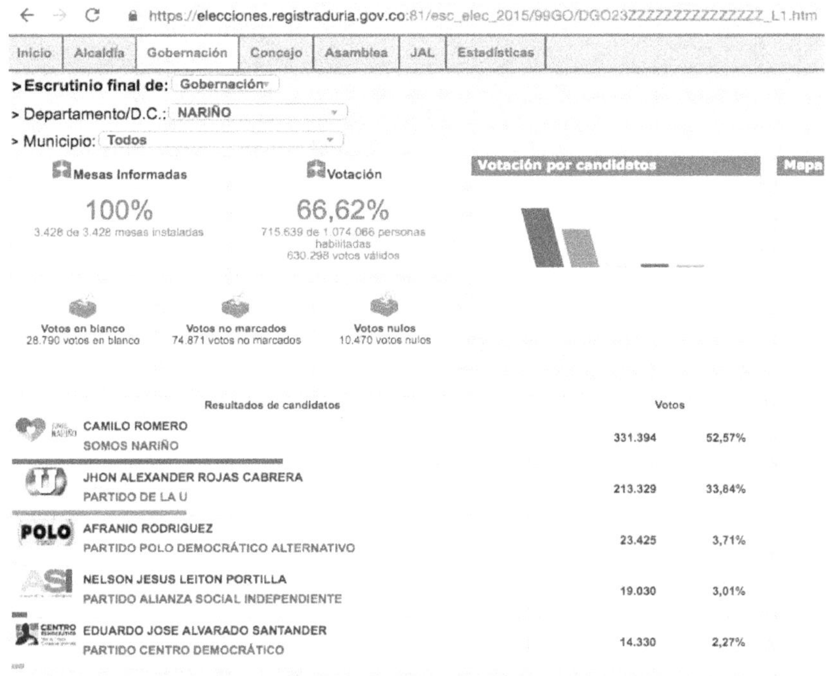

Un dato adicional, el presupuesto de la gobernación de Nariño para la vigencia de 2018 fue de NOVECIENTOS CINCUENTA Y SEIS MIL CIENTO NOVENTA Y OCHO MILLONES CIENTO SESENTA Y UN MIL CUATROCIENTOS CUARENTA PESOS M/CTE ($956.198.161.440):

https://xn--nario-rta.gov.co/inicio/index.php/gobernacion/gestion-financiera/637-presupuesto-de-la-gobernacion-de-narino

Si convertimos estas cifras, sería algo cercano a trescientos dieciocho millones de dólares estadounidenses. (318 millones de dólares).

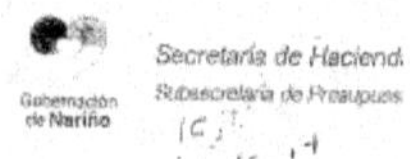

DEPARTAMENTO DE NARIÑO

DECRETO No. 1 0 8 4
(2 8 DIC 2017)

Por el cual se liquida el Presupuesto General del Departamento para la vigencia fiscal del año 2018

EL GOBERNADOR DEL DEPARTAMENTO DE NARIÑO

En uso de sus atribuciones legales y en especial de las consignadas en el Artículo No. 87 del Decreto 111 de 1996 y Artículo No. 73 de la Ordenanza No. 016 de 2008

CONSIDERANDO:

Que mediante Ordenanza No 026 de noviembre 28 de 2017, fue expedido el Presupuesto General del Departamento para la vigencia fiscal de 2018.

DECRETA:

PRIMERA PARTE

ARTÍCULO PRIMERO: Liquídase el Presupuesto General del Departamento para la vigencia fiscal 2018, de conformidad con lo detallado en los artículos siguientes:

PRESUPUESTO DE INGRESOS

ARTÍCULO SEGUNDO: Fíjese los cómputos del Presupuesto de Ingresos para la vigencia fiscal comprendida desde el 1° de Enero al 31 de Diciembre de 2018, en la suma de **NOVECIENTOS CINCUENTA Y SEIS MIL CIENTO NOVENTA Y OCHO MILLONES CIENTO SESENTA Y UN MIL CUATROCIENTOS CUARENTA PESOS M/CTE. ($956.198.161.440.oo)**, conforme al siguiente detalle:

CODIGO	CODIGO SED	CONCEPTO	VALOR
1		INGRESO PRESUPUESTO DEPARTAMENTAL	956,198,161,440
11		RECURSOS PROPIOS DEL DEPARTAMENTO	188,391,997,956
111		INGRESOS CORRIENTES DEL DEPARTAMENTO	151,460,317,329
1111		INGRESOS TRIBUTARIOS	137,703,633,440
11111		IMPUESTOS DIRECTOS	23,262,669,977
1111101		Registro	11,240,509,374

Para 2017, el presupuesto del departamento de Nariño fue de 932 mil millones ($932.000.000.000) aproximadamente y en 2016, ochocientos veintiunmil millones ($ 821.000.000.000).

Cada año, la gobernación de Nariño tiene un presupuesto de alrededor de 300 millones de dólares, por lo tanto, en los 4 años de gestión manejará un aproximado de 1.200 millones de dólares.

La alcaldía de Ipiales tiene un presupuesto de CIENTO SETENTA Y CUATRO MIL CUATROCIENTOS DIEZ MILLONES DOSCIENTOS CATORCE MIL PESOS MTE. ($174.410.214.000). Una cifra cercana a los 58 millones de dólares ($58.000.000):

http://ipialesnarino.micolombiadigital.gov.co/sites/ipialesnarin o/content/files/000111/5544_estados-financieros-2017.pdf

Es decir, en los cuatro años, el presupuesto de Ipilaes es cercano a 200 millones de dólares ($200.000.000).

Parece un chiste, papa e hijo dirigiendo gobernación y alcaldía al mismo tiempo, pero no lo es. Así que después no nos quejemos del atraso y pobreza de la nación.

Por supuesto, no puede faltar el inventario de los Romero:

1 gobernación.

1 alcaldía.

3 concejos.

Pero no es el único clan nariñense, ni más faltaba…

LOS ENRÍQUEZ

Manuel Mesías Enríquez Rosero es uno de sus hijos ilustres que puede fungir como el mesías de Nariño.

Ha sido senador por 12 años por el "partido de la u" y ahora aspira a ser el gobernador del departamento de Nariño.

Pero su curul en el congreso no se podía perder, todo ese trabajo no se podía tirar a la basura, así que decidió que su hermana Teresa Enríquez Rosero fuera candidata a la cámara de representantes por el "partido de la u" obteniendo, según los datos de la registraduría, 52.459 votos con el número 101 en el tarjetón:

https://elecciones.registraduria.gov.co:81/elec20180311/resultados/99CA/BXXXX/DCA23999.htm

Debo felicitar a Teresa por su excelente página web, aquí le dejo el link de su página que al momento de publicar este libro ya no está activa.

Investigando un poco más encontré un artículo publicado en "La Silla Pacífico" que cuenta que nuestra electa representante a la cámara, Teresa, trabajó en Corponariño por muchos años, pero ahora la familia se prepara para ir tras la gobernación de Nariño y comienzan los relevos.

Teresa, quien trabajó 22 años en Corponariño, remplazará a su hermano en el congreso, (Manuel era senador y ella ha sido electa representante) mientras que una sobrina, Darly Tatiana Villareal Enríquez, entró a trabajar el 13 marzo de 2017 en la Corponariño. Le dejo el link de Corponariño:

http://corponarino.gov.co/boletin22/

También los relevos tienen refuerzos.

Por ejemplo, está Maura Alejandra Pabón Lara, esposa de Carlos Enríquez, sobrino de Teresa y de Manuel.

Pero salgamos por un momento de las bellas tierras del sur colombiano y volvamos a la escena nacional.

Miremos uno de los senadores de izquierda más mediáticos. Nuestro ilustre Iván Cepeda.

Iván Cepeda

Actual senador de la República por el Polo Democrático, es hijo de Manuel Cepeda Vargas, quien fue asesinado en la ciudad capital Bogotá el 9 agosto 1994 y de Jira Castro.

Sus padres fueron militantes siempre de la izquierda colombiana.

Desde 2010 ha estado en el congreso, primero como representante a la cámara y luego como senador.

En las elecciones del 11 de marzo de 2018 volvió a ser elegido senador al obtener 77.842 votos con el aval del Polo Democrático:

https://elecciones.registraduria.gov.co:81/elec20180311/resultados/99SE/BXXXX/DSE99999.htm

Su esposa, la señora Pilar Rueda, trabajó como asesora de la mesa de negociación del proceso de paz con la guerrilla de las

FARC en la Habana y luego pasó a ser miembro de la unidad de investigación de la (JEP).

El senador Iván Cepeda ha sido uno de los críticos punzantes de la derecha nacional, ya que ha denunciado los malos procederes de los altos funcionarios de la rama ejecutiva de la nación.

Gracias al señor Iván Cepeda.

Por eso, entonces cabe la pena preguntar, ¿por qué actúa de la misma forma?

¿Por qué los cargos que su esposa ha tenido, tanto en la mesa de negociación como en la JEP, mucho tienen que ver con las influencias de él como senador?

No nos salga ahora con el cuentico de que se lo ganó por mérito propio y que en nada tienen que ver las influencias de él como congresista del Polo.

Claro, no hay ninguna ley que lo prohíba y no está haciendo nada ilegal, pero la izquierda nacional debería ser congruente, pues no es posible que papá e hijo sean gobernador y alcalde al mismo tiempo, yo sea senador férreo defensor del proceso de Paz y mi esposa trabaje en la Habana como asesora.

Una vez más:

"No importa si es de izquierda o derecha, si tiene votos es un buen gato"

LOS MORENO

Les presento a unos de los hijos ilustres de la izquierda nacional, hijos con un futuro brillante y de gran pedigrí que, a diferencia de otras dinastías, se marchitó.

Les presento a "Samy" e "Ivancho" (Samuel Moreno Rojas e Iván Moreno Rojas).

Nacieron en Miami, en el exilio de su familia por su abuelo, el general Rojas Pinilla y son hijos del ex congresista Samuel Moreno Díaz y de María Eugenia Rojas quien dirigió la Anapo, (Alianza Nacional Popular) partido fundado por el general Rojas Pinilla.

Miremos un poco esta familia.

Esta izquierda tiene mucho de derecha, pues tuvieron los privilegios de las dinastías derechistas nacionales.

Samuel Moreno Rojas estudió en la universidad del Rosario de Derecho y Economía y se dedicó de lleno a la política. No le fue difícil, pues en la casa encontró a la Anapo, que como ya enuncié, fue fundada por su abuelo.

Trabajó de cerca con grandes pesos de la política nacional como son Virgilio Barco y César Gaviria y luego de la constituyente, fue elegido senador de la República por primera vez.

Mientras tanto, su Hermano Iván Moreno Rojas estudió medicina en la universidad militar Nueva Granada. Pero para la década de los 90 decidió que Bucaramanga necesitaba de su aporte y llegó al concejo de la ciudad, por varios periodos.

En el gobierno de Ernesto Samper fue nombrado viceministro de la salud y luego fue ministro de trabajo.

Siempre me llama la atención las mentes superiores de los delfines políticos, que pueden ejercer en un viceministerio de salud y luego pasar a un ministerio tan diferente. Deben ser mentes superiores, para nada tienen que ver sus conexiones políticas.

Para el año 2000, Iván llegó a la alcaldía de Bucaramanga y fue famoso el escándalo por el incendio de la alcaldía justo en el mismo periodo que la contraloría adelantaba una investigación en su contra.

"Coincidencias cósmicas" que se dan...

Sami renunció al senado e Iván pasó a ocupar su curul, parece que estas maniobras no necesitaran del voto popular, pues las realizan con una facilidad suprema, como si fuera solo nombrarlos.

Pero los culpables somos todos, los votantes y los ciudadanos que no ejercen su derecho al voto, pues unos por omisión y los otros por acción, permitimos estas jugadas políticas.

Sami, luego de una década de servicio al país en el congreso, pasó a lanzarse a la alcaldía de la capital de la nación, Bogotá y con los votos que le transfirió a su hermano, cual transferencia bancaria, este logró una curul en el senado de la República.

Corría ya el año 2007 cuando Samuel Moreno Rojas ganó la consulta interna del Polo y derrotó a nuestro querido "Kike" (Enrique Peñalosa) por la alcaldía de Bogotá.

Todos conocemos el triste final de estos dos hermanos por el escándalo del carrusel de la contratación. Ambos fueron condenados por la justicia nacional.

No podemos despedirnos de esta familia sin hacer nuestro tradicional inventario:

1 presidencia de la República.

2 curules en el senado.

1 alcaldía de Bogotá.

1 alcaldía de Bucaramanga.

2 concejos en Bucaramanga.

1 viceministerio de salud.

1 ministerio de trabajo.

El presupuesto de Bogotá para el año 2008 era de TRECE BILLONES con B, no millones sino **B**illones. ($13.113.186.214.000) TRECE BILLONES CIENTO TRECE MIL CIENTO OCHENTA Y SEIS MILLONES DOSCIENTOS CATORCE MIL PESOS M/TCE. Una cifra aproximada a los 4.000 millones de dólares ($ 4.371.062.071):

http://www.shd.gov.co/shd/sites/default/files/documentos/act o_exp_ppto2008.pdf

La tasa de cambio utilizada para todos los cálculos es de $3000 pesos por un dólar.

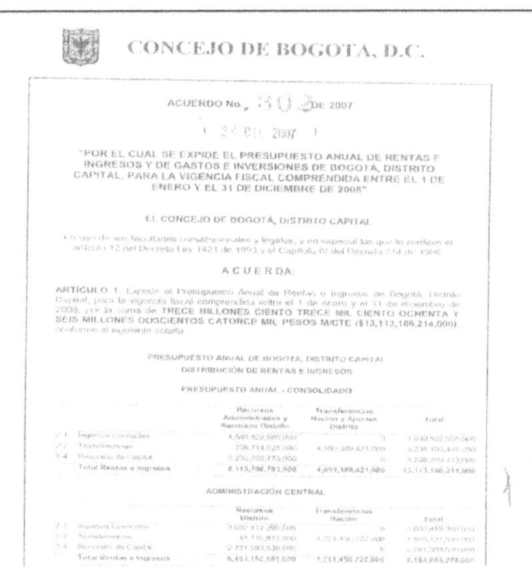

LAS PEÑAS LISAS NO SON HUESOS

Enrique Peñalosa

Dejemos la izquierda y volvamos por los caminos de la derecha, hagamos un cambio de frente y ya que nuestro querido "Kike" entró en escena, hablemos un poco de su abolengo.

Nuestro querido Kike es muy "play", pero también da mucha papaya, buen material para memes que circulan en las redes sociales.

Una de sus mayores metidas de pata fue comparar a Soacha con un hueso, le dejo el link:

https://www.youtube.com/watch?v=G5Z1ld0XItk

Me llamó mucho la atención que el papi del actual burgomaestre bogotano Enrique Peñalosa Camargo **NACIÓ EN SOACHA** y murió en Bogotá el 5 de febrero de 1998, así que ya sabemos por qué nuestro querido "Kike" aspiró a la alcaldía de Bogotá y no de Soacha, la tierra natal de su papi:

https://www.eltiempo.com/archivo/documento/MAM-805505

Para confirmar mi teoría le envié una paloma mensajera y de regreso, como respuesta, la paloma me entregó un mensaje que decía:

"¿Cómo voy yo a ser alcalde de un hueso?"

atte. Kike Peñalisa el alcalde más play.

Aunque el episodio de la paloma es ficción, el evento de comparar a Soacha con un hueso sí es muy real y que el padre del actual alcalde nació allá, también lo es.

A este comportamiento me refería cuando les compartía que las élites de este país buscan solo dos cosas: Estar años luz mejor, económica y socialmente, que sus paisanos y lograr ser ciudadanos del mundo.

Es un claro ejemplo de la apatía, fobia y rasquiña que les produce a nuestros dirigentes su propia historia.

Es pertinente señalar que "Kike II", nuestro actual burgomaestre, nació en Washington el 30 de septiembre de 1954 y la misma paloma mensajera me contó una confidencia que logró leer del diario personal mientras esperaba que el alcalde redactara la respuesta a mi misiva:

"Cuando era niño "Kike II" quería ser alcalde de Washington y su padre le decía que era muy difícil, que mejor soñara con ser alcalde de Soacha la tierra Natal.

A lo que nuestro play alcalde le respondía: No, papi. Yo no quiero ser alcalde de semejante hueso, ¿qué dirán mis amigos?

El padre, en una muestra de capacidad negociadora, le propuso: Mi querido hijo, entonces puedes llegar a ser alcalde de Bogotá y ahí puedes jugar con tus buses rojos contaminantes.

"Kike II" aceptó y cumplió su sueño.

¿Quién dice que los sueños de los niños no se cumplen?"

La vena política de "Kike II" viene de su papi, pues Enrique Peñalosa Camargo o "Kike I", se labró una gran carrera política: fue ministro de agricultura, embajador permanente de Colombia ante las Naciones Unidas y además, fue el primer director del Incora y también, primer director de la Car.

Si hacemos el inventario de los cargos públicos de la familia Peñalosa, contando los cargos de los dos Enrique Peñalosa, tenemos:

1 ministerio de agricultura.

1 embajada permanente de Colombia frente a las Naciones Unidas.

1 dirección en el Incora y en la CAR.

2 alcaldías de Bogotá.

1 puesto en la asamblea departamental de Cundinamarca.

1 curul en la cámara de representantes.

Y ya que hablamos de embajadas, entremos en la cancillería colombiana y miremos si las relaciones internacionales han estado a salvo del clientelismo.

EL MINISTERIO DE RELACIONES EXTERIORES

Los Holguín

María Ángela Holguín, ministra de relaciones exteriores del gobierno de J.M.S. tiene un árbol genealógico muy particular que ninguna familia en Colombia puede igualar.

Ninguna otra familia ha tenido el poder político que esta familia consiguió y por lo tanto, ninguna otra familia ha aportado tanto al crecimiento de nuestra patria.

Comencemos por su abuelo directo, Jorge Holguín Mallarino, quien se casó con Cecilia Arboleda Mosquera, quien fuese hija del presidente Julio Arboleda Pombo, presidente encargado dos veces de Colombia, que firmó un tratado con Venezuela en el que le cedió la mitad de la Guajira.

Su tío abuelo, Carlos Holguín Mallarino, presidente de Colombia por allá por 1888 fue quien cedió el tesoro Quimbaya a la corona española en 1893, que consistía en 122 piezas de oro que se prestaron a España para una exhibición y que se quedaron allá. La revista "Semana" tiene un muy buen artículo sobre esta generosa dádiva, aquí le dejo el link:

http://www.semana.com/cultura/articulo/el-tesoro-quimbaya-un-regalo-dorado/458535

Otro ilustre personaje de este linaje, Roberto Urdaneta Arbeláez, fue presidente de Colombia entre el periodo del 5 de noviembre de 1951 al 13 de junio de 1953, periodo en el cual se perdieron los Monjes con Venezuela (1952):

http://www.banrepcultural.org/biblioteca-virtual/credencial-historia/numero-124/el-archipielago-de-los-monjes-y-las-relaciones-diplomaticas-con-venezuela

Acá tiene la imagen por si quiere comprobarlo de primera mano:

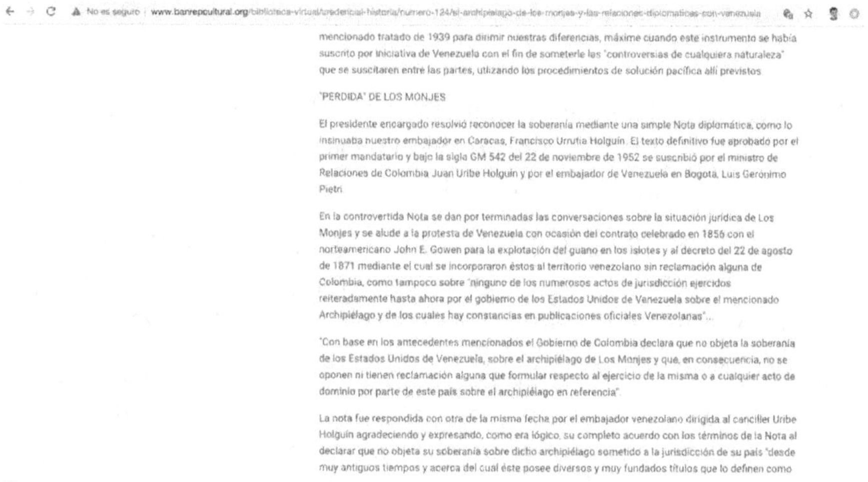

← → C 🔒 No es seguro | www.banrepcultural.org/biblioteca-virtual/credencial-historia/numero-124/el-archipielago-de-los-monjes-y-las-relaciones-diplomaticas-con-venezuela

mencionado tratado de 1939 para dirimir nuestras diferencias, máxime cuando este instrumento se había suscrito por iniciativa de Venezuela con el fin de someterle las "controversias de cualquiera naturaleza" que se suscitaren entre las partes, utilizando los procedimientos de solución pacífica allí previstos

"PERDIDA" DE LOS MONJES

El presidente encargado resolvió reconocer la soberanía mediante una simple Nota diplomática, como lo insinuaba nuestro embajador en Caracas, Francisco Urrutia Holguín. El texto definitivo fue aprobado por el primer mandatario y bajo la sigla GM 542 del 22 de noviembre de 1952 se suscribió por el ministro de Relaciones de Colombia Juan Uribe Holguín y por el embajador de Venezuela en Bogotá, Luis Gerónimo Pietri

En la controvertida Nota se dan por terminadas las conversaciones sobre la situación jurídica de Los Monjes y se alude a la protesta de Venezuela con ocasión del contrato celebrado en 1856 con el norteamericano John E. Gowen para la explotación del guano en los islotes y al decreto del 22 de agosto de 1871 mediante el cual se incorporaron éstos al territorio venezolano sin reclamación alguna de Colombia, como tampoco sobre "ninguno de los numerosos actos de jurisdicción ejercidos reiteradamente hasta ahora por el gobierno de los Estados Unidos de Venezuela sobre el mencionado Archipiélago y de los cuales hay constancias en publicaciones oficiales Venezolanas"...

"Con base en los antecedentes mencionados el Gobierno de Colombia declara que no objeta la soberanía de los Estados Unidos de Venezuela, sobre el archipiélago de Los Monjes y que, en consecuencia, no se oponen ni tienen reclamación alguna que formular respecto al ejercicio de la misma o a cualquier acto de dominio por parte de este país sobre el archipiélago en referencia".

La nota fue respondida con otra de la misma fecha por el embajador venezolano dirigida al canciller Uribe Holguín agradeciendo y expresando, como era lógico, su completo acuerdo con los términos de la Nota al declarar que no objeta su soberanía sobre dicho archipiélago sometido a la jurisdicción de su país "desde muy antiguos tiempos y acerca del cual éste posee diversos y muy fundados títulos que lo definen como

Con su sabiduría y gran gestión en la defensa de los intereses nacionales, tuvo el privilegio de casarse con Clemencia Holguín y Caro, nieta del tío abuelo de María Ángela Holguín, (Carlos Holguín Mallarino).

Esta gestión o regalo de los Monjes por parte de Colombia a nuestro vecino Venezuela, no lo realizó solo, varios integrantes de esta familia participaron en ello.

Roberto Urdaneta Arbeláez, como ya lo dijimos, era presidente y su suegro, Carlos Holguín Mallarino, tenía varios sobrinos y sobrinas, entre los que se destaca Helena Holguín Arboleda, que se casó el 24 de junio de 1909 en la ciudad de Popayán con José Francisco José Urrutia y más tarde fueron los padres de Francisco José Urrutia Holguín (1910-1981) que fue el embajador de Colombia en Caracas en 1952, como podrá ver en el siguiente link:

http://www.banrepcultural.org/blaa/colecciones-y-archivos/francisco-urrutia-holguin

Estos dos integrantes de la familia Holguín no estuvieron solos, también participó Juan Uribe Holguín, de quien no he encontrado mayor información.

Querido lector, me llama poderosamente la atención que los archivos para descargar sean donados a la Biblioteca Luis Ángel Arango por su hijo, quien era para ese entonces gerente del Banco de la República.

Veámoslo en el siguiente pantallazo.

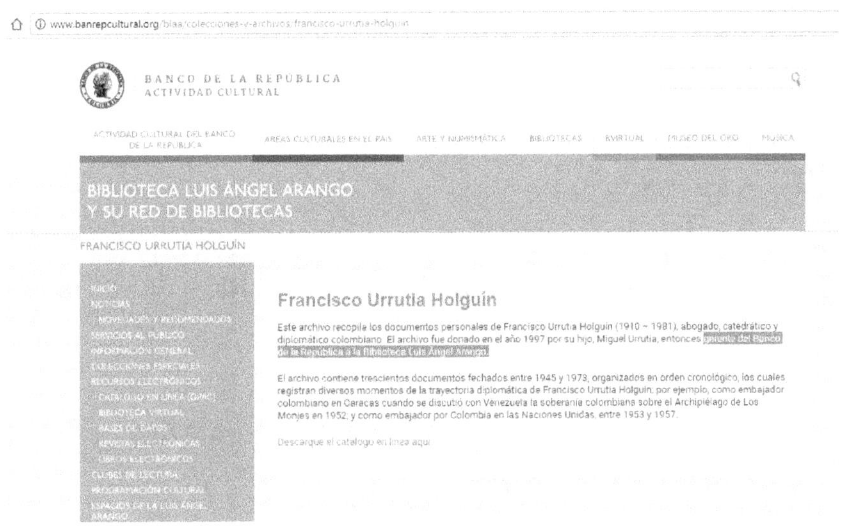

Resúmanos los territorios y los tesoros perdidos por Colombia bajo la gestión de los Holguín:

La mitad de la Guajira.

El tesoro Quimbaya.

Los Monjes.

Participación en la pérdida de Panamá.

Y una parte del Mar de San Andrés.

Si las cuentas no me fallan, han estado al frente de la cancillería y por lo tanto, de las relaciones internaciones de Colombia por más de 137 años.

Y María Ángela, que duró 8 años en la cancillería en el gobierno de Juan Manuel Santos, en el gobierno anterior fue embajadora ante las Naciones Unidas y fungió como embajadora de Colombia ante Venezuela.

Deben apreciarla mucho en el vecino país pues su familia, como ya enuncié, les cedió gran parte del territorio.

Grandes han sido los aportes de esta familia al progreso de la nación, así que démosles un fuerte aplauso por ello.

No podemos dejar de hacer el inventario de los cargos públicos familiares:

4 presidentes de la República, (dos de Julio, una del tío abuelo y una de Urdaneta).

1 embajada en Caracas.

1 gerencia del Banco de la República para la biblioteca L. A. A.

Ya veo el reclamo de la familia Holguín diciéndome que ellos sí han compartido el poder y adelantándome a ello, les cuento cómo las familias presidenciales y prestigiosas de la política colombiana tienen cargos de alta relevancia internacional.

Una "curiosidad"

Permítanme, les cuento…

¿Le gustaría ser el cónsul de Colombia en Frankfurt?

Pues le tengo una mala noticia, ya tiene puesto y lo ocupa un primo de Nora Puyana Bickenbach, el señor Kristian Helmut Norman Bickenbach Gil:

http://frankfurt.consulado.gov.co/acerca/consul

Sí señor, otra vez acertó, la esposa de nuestro ex presidente Andrés Pastrana Arango.

Pero para que no digan que los puestos del pastranismo en la diplomacia colombiana solo se los dan a los familiares, como el caso de Cristina en Toronto, Canadá, y del señor Bickenbach en Frankfurt, Alemania, también apoyan a los amigos, como es el caso del vicepresidente de Andrés Pastrana cuando era presidente, Gustavo Adolfo Bell Lemus, que fue embajador de Colombia en Cuba desde mayo de 2011 hasta diciembre de 2017:

http://cuba.embajada.gov.co/newsroom/news/2017-02-17/10923

Sí, piensa bien, ¡en pleno proceso de paz!

Y eso que el ex presidente Pastrana era opositor, pero no así para que le nombren a sus fichas en la diplomacia nacional.

2018 no es un año cualquiera, es año de mundial de fútbol y una vez más, Colombia estará presente. Así que motivado por la clasificación de nuestra amada selección, me dio por revisar quién era el embajador de Colombia en la tierra de los zares.

¿Será que es algún joven que estudió relaciones internacionales en mi misma universidad y ha escalado hasta llegar a un alto cargo?

Pues lamento decepcionarlo, el embajador es Alfonso López Caballero, hijo de Alfonso López Michelsen presidente de Colombia (1974 - 1978), tal y como consta en la página web de la embajada colombiana en Rusia:

http://rusia.embajada.gov.co/acerca/embajador

Los Turbay

Los Turbay tienen lo suyo en las cancillerías colombianas a lo largo del planeta.

¿Qué sería de la diplomacia colombiana sin ese valioso aporte?

¡DIOS nos libre de semejante tragedia!

Claudia Turbay Quintero es nuestra embajadora en la República de Ghana:

http://ghana.embajada.gov.co/acerca/embajador

Efectivamente, si pensó que Claudia Turbay Quintero es hija del ex presidente colombiano Julio César Turbay, está en lo cierto.

Claudia, además, nos ha ayudado de manera magistral en otras embajadas a lo largo de su vida:

> **Embajadora de Colombia ante el Principado de Liechtenstein.**
>
> **Embajadora de Colombia ante la Confederación Helvética.**
>
> **Embajadora de Colombia en Uruguay.**
>
> **Presidenta de Proexport Colombia.**
>
> Y muchos otros cargos como **directora de la Oficina Comercial de Proexport Colombia en Miami (1988 – 1994).**

Además, hace solo 4 años, es decir, en 2014, publicó su libro de poemas "De la Piel al Corazón". Libro que salgo ya a comprarlo.

El hijo varón del presidente Turbay tuvo 4 hijos y 3 mujeres, (Claudia, Diana y María Victoria) y llevó su mismo nombre, Julio César Turbay Quintero.

Fue contralor general de la República y tuvo algunos problemillas con unos viáticos, unas millitas de viajero frecuente, pero "apenas fueron unas moneditas" que superaron los 58.000 millones de pesos o lo que es lo mismo, casi 20 millones de dólares.

Aquí les dejo un link de Caracol Radio para que escuchen un audio sobre los gastos del contralor Turbay:

http://caracol.com.co/radio/2011/01/24/economia/129585090 0_415262.html

María Victoria Turbay Quintero también ha participado en la política.

Fue candidata al concejo de Bogotá por allá por 2003 por el partido Cambio Radical, (sí, el partido de Germán Vargas Lleras) al mismo tiempo que su hermano se disputaba la gobernación de Cundinamarca que perdió frente a Pablo Ardila.

Pero el turbalismo no perdería la gobernación de Cundinamarca para siempre, pues ganaron las elecciones posteriores con Andrés Gonzalez Díaz:

https://www.eltiempo.com/archivo/documento/MAM-1006281

La hermana, Diana Turbay, fue una valiente periodista asesinada por los extraditables en un operativo fallido de las fuerzas del orden para procurar su libertad.

Y no podríamos dejar pasar a un nieto ilustre del ex presidente Turbay, Miguel Uribe Turbay, (hijo del primer matrimonio de Diana Turbay con Miguel Uribe Londoño) quien luego de ser concejal de Bogotá fue elegido como secretario de gobierno de nuestro "Kike II" y aspira a remplazar a nuestro Kike II en el palacio de Liévano.

Sí señores, un nieto de un ex presidente de la república quiere ser el alcalde mayor de Bogotá para el próximo cuatrienio. De lograrlo, en algunos años será candidato presidencial. Una muestra representativa en el grado más alto del desarrollo de nuestra democracia.

Gracias a un reportaje del "Noticiero Uno" y su sección "Top Secret" este personaje ilustre entró en el radar de "Los Dueños de la Finca":

https://canal1.com.co/noticias/top-secret/top-secret-mayo-15-de-2016/

Por mayo de 2016, unos funcionarios de la secretaría de gobierno de la alcaldía de Bogotá, emitieron un concepto en el que, palabras más palabras menos, decían que el crimen brutal de Rosa Elvira Cely era culpa de ella, "quien la manda a no saberse cuidar".

Fue tal la indignación nacional, que nuestro "Kike II" en su cuenta de Twitter pidió disculpas mientras que al joven secretario Miguel Uribe Turbay, como se dice popularmente, "lo pusieron a frentear tal despropósito" un día después de su matrimonio.

Lo que llamó poderosamente mi atención fue la lista de invitados a su matrimonio: Horacio José (hijo de Horacio Serpa), Álvaro Uribe Vélez, Francisco Santos, David Luna, Simón Gaviria, el ex ministro Felipe Henao y Juan Fernando Cristo.

¡Vaya lista de invitados al matrimonio de Miguel!

¡Y yo feliz porque a mi matrimonio asistió el presidente de la Junta de Acción Comunal y llevó buen regalo!

Sigamos...

Ante semejante lista de invitados, me pregunté: *"Pero ¿quién es este secretario para que asistan tan importantes y opuestos miembros de la política nacional?"*

Y así fue cómo comencé a escribir partes de este libro de forma embrionaria, como una idea suelta al descubrir que, como ya les conté, es nieto de ex presidente y que tiene una media hermana, María Carolina Hoyos Turbay, que fue viceministra tic en el gobierno de Juan Manuel Santos.

Miremos los cargos que tuvo el ex presidente de la República, Turbay Ayala, para hacer nuestro tradicional inventario:

Representante a la cámara por Bogotá.

Ministro de minas.

Ministro de relaciones exteriores entre 1958 y 1961.

Senador de la República.

Presidente de Colombia.

Embajador frente a las Naciones Unidas.

¿Ve por qué la hija ha sido varias veces embajadora de Colombia?

Inventario de la familia Turbay:

5 embajadas.

1 contraloría general de la nación.

1 presidencia de la República.

1 curul en el senado.

1 puesto en el concejo de Bogotá.

1 candidatura a la gobernación de Cundinamarca.

1 gobernación de Cundinamarca (Andrés González).

Presidencia de Proexport.

Secretaría de gobierno en la alcaldía mayor de Bogotá.

Vice ministerio tic.

Y muchos otros cargos que se nos pasan.

Y eso que no le sumamos los cargos públicos de la familia de su media hermana Carolina Hoyos Turbay, nieta de Pilar Villegas de Hoyos, ex gobernadora conservadora de Caldas.

Los Betancur

Creo que el ex presidente más respetado por saberse retirar de la política y no intervenir es el ex presidente Belisario Betancur.

Por eso, cada vez que hay un nuevo ex presidente, la pregunta de turno es: *"Señor nuevo ex presidente, ¿seguirá el ejemplo del ex presidente Betancur y se retirará de la política?"*

Agradezcamos al ex presidente Betancur por ello, pues hizo buen uso del retiro, pero no así sus familiares.

Miremos unos ejemplos:

Diego Betancur Álvarez (hijo del ex presidente Betancur) de profesión Agrónomo, fue embajador de Colombia en Australia. ¡Y eso que no profesaba las ideas políticas de su padre!

https://www.cancilleria.gov.co/en/newsroom/news/2011-10-14/1340

Su hermana, María Clara Betancur Álvarez, fue más activa en la política y para el gobierno de Ernesto Samper Pizano actuó como viceministra de desarrollo rural.

Beatriz Betancur (la otra hija del ex presidente) es apolítica, mil gracias por ello.

Otros ejemplos

Demos un brochazo rápido a otros diplomáticos y sus respectivas embajadas.

Empecemos por el candidato vicepresidencial de Germán Vargas Lleras, el señor Juan Carlos Pinzón, quien fue ex ministro de defensa de Juan Manuel Santos y embajador de Colombia en USA, al mismo tiempo que su hermana se desempeñaba como cónsul de Colombia en Vancouver, Canadá.

Miremos al país que alzó la copa mundo en Rusia 2018; Francia.

En ese mágico país tenemos como embajador a Rengifo Vélez quien es hijo del ex senador Marino Rengifo.

Su esposa, Catalina Crane, es representante especial para el ingreso de Colombia a la (OCDE.)

Tal y como puede comprobar en la imagen de la página siguiente:

https://www.cancilleria.gov.co/en/internacional/politica/region es/europa/monaco

Hugo Efraín Enríquez Rosero, hermano del senador nariñense Manuel Enrique Rosero, es cónsul de Colombia en Tulcán, Ecuador.

Una embajada más y dejamos a la diplomacia colombiana, creo que con los ejemplos ya expuestos es una muestra más que representativa de cómo la diplomacia nacional repartida por todo el globo terráqueo, nos ayuda a bajar los índices de desempleo de los políticos colombianos.

En Alemania tenemos como embajadora a María Lorena Gutiérrez, mientras su hermano Álvaro Gutiérrez es jefe de misión en la embajada en los Países Bajos.

LOS SANTOS DE MI NACIÓN

Juan Manuel Santos

Presidente de Colombia (2010-2018), pero antes de hablar de su abolengo y linaje, miremos su trayectoria política.

Fue el primer ministro de comercio exterior desde el 16 de enero de 1991 al 7 de agosto de 1994.

Antes de esta fecha no existía este ministerio, pero en la reorganización del estado, las funciones de Incomex pasaron al ministerio, tal y como se lee en la nota del periódico "El Tiempo", que fue de su familia hasta muy poco:

http://www.eltiempo.com/archivo/documento/MAM-1245257

La directora del Incomex fue Marta Lucía Ramírez, directora de este organismo entre el 15 mayo de 1990 y el 15 de junio de 1994 cuando, quince días después, asumió su nombramiento como viceministra.

Muchos años después, Marta Lucía Ramírez se enfrentó a su anterior jefe por la presidencia de la República, el 25 de mayo de 2014, quedando en tercer lugar con una participación del 15.52 % representando al Partido Conservador, algo más que curioso porque en las elecciones de 2010 fue precandidata presidencial por el mismo partido.

Pero volvamos al ex presidente más reciente de la República...

Ya hemos dicho que fue ministro de comercio exterior desde el 91 al 94, pero luego, en el gobierno de Pastrana, fue ministro de Hacienda desde el 7 de agosto de 2000 al 7 de agosto de 2002.

¿Será que devolvió el favor?

Ya lo veremos más adelante...

Pero aún hay más porque también fue ministro de defensa en el gobierno de Álvaro Uribe Vélez desde el 19 de julio de 2006 al 22 de mayo de 2009.

Ante esto, me surgen varias preguntas:

¿Es el señor Juan Manuel Santos un genio, pues tiene la capacidad de desempeñarse en tan diferentes ministerios?

¿En el país no hay nadie más con las capacidades intelectuales para ocupar dichos cargos?

¿No será mejor nombrar en los ministerios a personas con profesiones afines a su cargo? Es decir, para el ministerio de agricultura un agrónomo, para el de salud un médico, etc.

Creo que con esto explico la idea.

Echemos una breve mirada al abolengo del presidente...

Nació el 10 agosto de 1951, siendo sus padres Enrique Santos Castillo y Clemencia Calderón Nieto.

Por el lado paterno, su abuelo fue Enrique Santos Montejo, casado con Noemí Castillo.

Su abuelo Enrique, tenía un hermano llamado Eduardo Santos Montejo, quien vivió entre 1888 y 1974 y fue presidente de Colombia entre los años 1938 y 1942.

El tío abuelo del actual presidente compró en 1913 el periódico "El Tiempo" a Alfonso Villegas Restrepo y también nos bendijo fungiendo como gobernador de Santander.

Un dato que me llamó la atención fue el apoyo del presidente Santos Montejo al señor Carlos Arango Vélez para bloquear el regreso por el partido liberal de López Pumarejo a la presidencia.

El señor Arango nunca llegó a ser presidente, pero si fue suegro de un presidente conservador, el señor Misael Pastrana Borrero.

Por supuesto, no se puede olvidar a Francisco Santos Calderón, que fue vicepresidente en el gobierno de Álvaro Uribe Vélez y ahora es embajador de Colombia en los Estados Unidos en el gobierno de Duque.

Miremos el inventario de esta familia:

2 presidencias de la República (3 si se cuentan los dos periodos de Juan Manuel Santos).

3 ministerios de Juan Manuel Santos

1 vicepresidencia.

1 embajada.

Una vez más, vemos que una de las familias más poderosas y tradicionales de la Política Nacional, juega a dos bandas: una parte de la familia en el oficialismo (en el solio de Bolívar) y el otro primo en la oposición (Francisco Santos) que ahora en el gobierno de Duque es embajador en U.S.A.

LOS OSPINA

Otra poderosa dinastía política son los Ospina.

Miremos por ejemplo a Mariano Ospina Rodríguez (Guasca, 18 de octubre de 1851 - Medellín, 11 de enero de 1885).

Mariano, fundador del Partido Conservador, fue presidente de Colombia desde 1857 a 1851, cuando nuestra amada patria cambió su nombre de República de la Nueva Granada y pasó a llamarse Confederación Granadina.

A Mariano hay que diferenciarlo de su nieto Luis Mariano Ospina Pérez, quien también fue presidente de Colombia entre el 7 de agosto de 1946 y el 7 de agosto de 1950.

El hijo del fundador del Partido Conservador, el ilustre Pedro Nel Ospina, también fue presidente entre los años 1922 y 1926.

En definitiva, tres Ospina presidentes.

¿Ve cómo el poder en Colombia se concentra en unas pocas manos?

Volvamos al calor del Caribe colombiano.

CARTAGENA LA HEROICA

Carlos Vives tiene una canción en honor a esta bella ciudad del Caribe colombiano con una desigualdad muy visible.

La pregunta es si se ha salvado de ser gobernada por un clan, grupo, rosca...

Mirémoslo con detenimiento.

En el canal de televisión 1, el excelente periodista Mauricio Gómez, a quien admiro profundamente por su labor periodística, denunció la corrupción de Cartagena.

Mi admiración para él, no solo por no caer en la trampa seductora de la política como delfín, pues su padre Álvaro Gómez Hurtado, aunque no fue presidente, fue una de las figuras más destacadas y honestas que ha producido la nación, sino por las denuncias a nuestra clase dirigente.

En el mes de octubre de 2017, Mauricio emitió un especial sobre la corrupción desbordada en Cartagena de Indias y dado que el objetivo de este libro es solo mostrar las relaciones familiares de los dirigentes de la nación, mostrar que son una gran familia de sangre que se casan entre ellos y han mantenido el poder en un pequeño grupo, para que cada ciudadano tenga claro quiénes son "Los Dueños de la Finca" llamada Colombia y con esa información acuda a las urnas con mayor información y podamos entre todos elegir a los mejores ciudadanos para dirigir el destino de la nación, no repetiré las denuncias hechas por Mauricio Gómez, sino que expondré solo las relaciones familiares de los clanes políticos que han dirigido a Cartagena de Indias y han logrado su gran desarrollo económico, social, político.

Empecemos pues...

LOS GARCÍA ROMERO

La primera familia dirigente que gracias a su visión ha hecho de Cartagena lo que es hoy, es la familia García Romero.

Y dos de sus más ilustres hijos prohombres, con todas las letras, son Juan José García Romero, quien fue senador desde 1978 durante 20 años ininterrumpidos y su hermano Álvaro García Romero, conocido como "el Gordo García".

Juan José García se casó con Piedad Zucardi y este señor dejó un gran vacío en el congreso de la República en 1998 (nos dejó huérfanos sin timón, sin norte y sin brújula) tras su salida del congreso, trágica para la nación, a raíz de las investigaciones por el proceso 8000.

Su visón de país y su clarividencia para dirigir en el Caribe colombiano no se podía desperdiciar, así que su esposa, en un acto de gran sacrificio, decidió reemplazarlo en el senado como miembro del Partido Liberal y mantener vivas las ideas progresistas de su esposo.

Por lo tanto, en 2006 la distinguida señora Piedad Zucardi, cambió de partido y su familia, los García Romero, ayudaron a fundar el Partido de la U.

Por su parte, el cuñado de la distinguida señora Piedad Zucardi, el honorable senador Álvaro "el Gordo García" Romero, fue condenado en 2010 a 40 años de prisión.

"El Gordo García" tenía una visión muy amplia de la realidad nacional y estas ideas no se podían perder porque si no, ¿qué sería de nosotros?

Así que pensando en el futuro de la nación, del Caribe colombiano y de nuestra amada Cartagena, le endosó a su hermana, Teresita García, su curul permitiéndole permanecer durante 2 periodos en el congreso nacional.

Un dato adicional, nuestra querida Teresita fue cónsul general de Colombia en Frankfurt, tal y como consta en la página de "Congreso Visible," desde 1997 hasta 2001 y luego, unos mesecitos más (desde noviembre de 2003 a octubre de 2007) para completar unas semanas que le hacían falta para su pensión:

http://congresovisible.org/congresistas/perfil/teresita-garcia-romero/2463/

Su hermosa hija, Juliana María Escalante García Espitia, buscó el cambio generacional de su familia en la política, para lo cual, fue candidata al congreso con el número 90, obteniendo 51.577 votos, y se quemó un puesto por debajo de otra bella delfín, Ana María Castañeda Gómez, de quien hablaremos en otro momento.

Sin duda, duro golpe para los destinos de la nación la ausencia de estas mujeres en el congreso.

Una observación adicional... Para que los familiares de estos políticos caídos en desgracia puedan reemplazarlos en las entidades gubernamentales, alguien, o mejor dicho, muchos colombianos tienen que votar por ellos.

Otro ejemplo:

La distinguida señora Piedad Zucardi tuvo unos pequeños líos con la justicia en 2013 y fue entonces cuando su hijo, Andrés Felipe García Zucardi, heredó su curul. Este joven prohombre llegó al congreso gracias a obtener 50.000 votos, con tan solo 31 tiernos añitos y sin experiencia política ninguna.

Una pregunta, reflexión para todos mis compatriotas...

¿Será que en familias sin abolengo político no nace ningún colombiano con la capacidad de dirigir los destinos de nuestras ciudades, departamentos o de la nación?

Supongo que los miembros de estos clanes políticos dirán: *"Pero en Los Dueños de la Finca se quejan de nuestra larga trayectoria en el servicio público y también se nos acusa cuando nos renovamos. Malo si sí, malo si no."* A lo que podemos contra preguntar…

¿La renovación debe venir siempre del seno de sus familias?

Otra sencilla pregunta…

¿Qué leche les darán a estos hijos para que tengan la capacidad de dirigir los destinos que los demás colombianos no tenemos?

Esa leche debería reemplazar a la bienestarina.

No podemos dejar de hacer el inventario de la familia García Romero, así que miremos los cargos públicos que esta familia ha ejercido:

5 periodos en el senado de J.J.G.

1 periodo de Piedad.

2 periodos y un consulado en Alemania de Teresita.

Y el hijo Andrés Felipe es senador.

En resumen:

Han tenido 8 periodos en el senado y un consulado, de pronto se me escapa algún que otro puesto.

¿Cuántos familiares ha tenido usted, querido compatriota, que se hayan desempeñado como senador?

Querido compatriota si se pregunta a estas alturas del libro qué hacer para cambiar nuestro país, le tengo una sugerencia sencilla:

¡NO VOTAR POR LAS MISMAS FAMILIAS!

Pero las conexiones de los clanes políticos no solo son entre sus miembros, sino también con quienes están en otras orillas políticas.

De todos es sabido que el Partido de la U es el partido afín del señor Juan Manuel Santos, y que Juan José García fue el cerebro para lograr 160.000 votos entre la primera y la segunda vuelta en el departamento de Bolívar para la reelección del señor J.M.S.

Es también muy sabido que el ex procurador José Ordóñez es fiel contradictor del gobierno de J.M.S. sin embargo, gracias al matrimonio de su hija Natalia Ordóñez con el hijo de Alfredo José Palis Turbay, Daniel Palis, la presencia de personas afectas al gobierno nos demuestra cómo estas elites están íntimamente ligadas sin importar su posición política, pues como se sabe. la política es dinámica.

Un ejemplo de este dinamismo es que Piedad Zucardi y su esposo Juan José García, de línea oficialista tal y como ya enunciamos antes, fueron invitados y asistieron a este magno evento.

No olvidemos que todo buen acto tiene su recompensa y el presidente reelecto por medio del primo de Paloma Valencia, el ministro de agricultura Aurelio Iragorry Valencia, nombró a Sergio Suárez Nieves como gerente de vivienda rural del banco agrario y así premió la excelente tarea de Juan José García en la consecución de 160.000 votos adicionales. (Sergio es parcero de J.J.G.).

¿Ves, querido lector, cómo estas elites están emparentadas y manejan los hilos del poder?

¡Y nosotros peleando por ellos! ¡Si seremos bobos!

¿Será que la concentración del poder en unas pocas familias causa un estado ineficaz?

¿Será que esa ineficacia es el caldo de cultivo para la corrupción que bloquea, limita y desperdicia el

ingenio, el talento y la ambición de la sociedad en general?

Uno de mis libros favoritos es, *¿Por qué fracasan los países?* Y buena prueba de ello son las muchas referencias que he hecho en mi canal de YouTube sobre las tesis que nos enseña.

Una de las razones que los economistas Acemoglu y Robinson nos dan como causa del atraso es que el control de una nación esté en pocas manos:

"Egipto es pobre precisamente porque ha sido gobernado por una reducida élite que ha organizado la sociedad en beneficio propio, a costa de la mayor parte de la población. El poder político se ha concentrado en pocas manos y se ha utilizado para crear una gran riqueza para quienes lo ostentan, como la fortuna acumulada por el presidente Mubarak valorada, según parece, en setenta mil millones de dólares".

(Extracto del libro "Por qué fracasan los países" pág. 18).

Fíjese querido lector que la cita anterior habla del poder concentrado en una reducida élite, no importa si es la mano izquierda o la mano derecha, no importa si mi familia lleva décadas en el ejercicio del poder o si mi papi y yo controlamos la gobernación y la alcaldía de la misma región al mismo tiempo o si, como en el caso de un senador, logro que mis familiares ingresen a asesorar la (Jep).

¡SI VOTAMOS POR LOS MISMOS, DESPUÉS NO NOS QUEJEMOS!

LOS ESPINOSA FACIOLINCE

Alfonso "El Turco" Hilsaca nació en Mompox en 1959 y su fortuna es originaria de su liquidación de la estatal Ecopetrol en la década de los 90, los mismos años en los cuales era gran amigo del senador Carlos Espinosa Faciolince. (Ya hablaremos de este imperio electoral venido a menos).

Este senador manejaba el Instituto Nacional de Pesca y Acuicultura (INPA) y el Plan de Inversiones Prioritarias de la Costa Atlántica (Planiep) y dicen las malas lenguas, a mí no me consta, que de estas instituciones se empezó a labrar la fortuna que ahora posee.

En el mundo político de la heroica se da por cierto que el señor Alfonso Hilsaca es el financiador de muchas campañas políticas de concejales, alcaldes y demás, pero no me crea a mí, le dejo el link del periódico "El Espectador".

Miremos la dinastía venida a vemos de los Espinosa Faciolince.

Lo que se hereda no se hurta y Maristella Madero Jirado en su trabajo *"Casas políticas y redes clientelares en Cartagena"* a partir de la página 27 nos aclara magistralmente el origen del poder político de los Faciolince:

http://www.bdigital.unal.edu.co/3849/1/696581.2010.pdf

Hare un pequeño recuento y le dejo los links para que usted, si así lo desea querido lector, lea el excelente trabajo de Maristella Madero.

El objetivo de "Los Dueños de la Finca", tal y como he explicado en varias ocasiones a lo largo del libro, es presentarle cómo el poder en Colombia ha estado en unas pocas manos y esta es la semilla de la corrupción en Colombia.

Si desea una mayor comprensión y análisis, en este libro encontrará las fuentes para ampliar su conocimiento sobre las redes políticas en Colombia y, por favor, vote con mayor conocimiento de causa.

Según el trabajo citado, el primer integrante de esta familia en ingresar al mundo político fue León Faciolince, nacido en el bello municipio de Mompox, quien llegó al senado un año antes del magnicidio de Jorge Eliecer Gaitán en 1947, pero años antes había pertenecido a la asamblea departamental de Bolívar.

Los cielos lo bendijeron con 4 hijos: Miguel, Faciolince López, Elvira y Arturo.

Familia de visionarios regionales y nacionales, debemos agradecer a los cielos la buena dirección que esta familia nos ha aportado, no solo a Cartagena, sino a todo el departamento de Bolívar.

¿Qué digo solo al Caribe colombiano?

¡A toda la nación!

Gracias a la gestión familiar de los Faciolince, los cartageneros tienen una de los niveles de vida más altos del planeta comparado con ciudades como Barcelona, por ejemplo.

¡Sí, cómo no!

Bien podríamos decir como la canción de Carlos Vives "Décimas del paraíso":

"Se parece el mango al jobo,

papayuela y fruta bomba.

La guama a la cañandonga,

tamarindo y algarrobo.

La pitaya al torombolo.

Y el melón a la patilla.

La uvita a la pimientilla.

cohombro y calabacín.

Y la ciudad de New Orleans,

se parece a Barranquilla."

Cartagena se parece a Barcelona y esto por obra de sus dirigentes.

¡Sí, cómo no!

Elvira llegó a ser una de las líderes políticas más importantes del departamento, de hecho, fue diputada en la asamblea departamental y también gobernadora entre 1978 y 1980. Se casó con Eduardo Espinosa Urueta, quien trabajó en el sector de la educación y fundó colegios en pro del bienestar de las nuevas generaciones.

Miguel Faciolince López se convirtió en senador en los años de la presidencia de López Michelsen y se mantuvo hasta la década de los noventa.

Arturito "El Cuba", el menor, fue representante a la cámara.

Carlos Espinosa Faciolince, hijo de la ex gobernadora, fue senador de la República durante 12 años, hasta que en 2002 perdió su curul y su familia, el brillo político de otrora convirtiéndose en una dinastía que entró en bancarrota.

¡Vaya pérdida para la nación! Pero si se hundió el Titanic...

No olvidemos que en el año 1998 Carlos Espinosa Faciolince fue secuestrado por el (ELN) durante un lapso de tiempo de 51 días junto con su escolta, durante el gobierno de Andrés Pastrana Arango.

LOS BLEEL

Como en todas las familias, existe un patriarca fundador en este caso fue Vicente Bleel Saad que, según la página web de Congreso Visible, fue concejal de Cartagena entre 1992 y 1993 y dio un salto triple en la política, pues entre 1994 y 1998 fue senador de la República.

Y me pregunto yo, ¿gracias a su gestión como concejal, el progreso de Cartagena es digno de admiración? Pues pasar de concejal de una ciudad a senador no es un logro menor, y esa curul la mantuvo hasta 2006, tal y como consta en la página de Congreso Visible:

http://congresovisible.org/congresistas/perfil/vicente-blel-saad/390/

Dicho esto, quiero preguntarles a los cartageneros, ¿cuáles fueron los aportes de este patriarca político a la heroica?

Les puedo nombrar algunos como, por ejemplo, lograr el bienestar de su familia al controlar las entidades del estado en las regiones, tal y como han hecho todos los caciques políticos.

La Silla Vacía tiene un excelente artículo sobre los tentáculos de este clan político, aunque le invito a visitarlo le haré un resumen de dicho artículo, como he dicho anteriormente, Dios bendiga a Internet y toda la información que hay en él:

http://lasillavacia.com/historia/el-poder-intacto-de-los-blel-52578

La divina providencia le regaló a don Vicente Bleel Saad dos hijos: Nadia y Vicente, quienes han sido parte fundamental del desarrollo de Cartagena.

Vicente Bleel Scaff, hijo del patriarca, ha heredado la curul en el concejo de Cartagena y actualmente está en el cargo gracias a que obtuvo más de 10.000 votos por el partido Cambio Radical.

Me llamó poderosamente la atención que a sus tiernos 18 años fuera electo diputado de Bolívar y lo confirmé con su hoja de vida que aparece en el concejo de Cartagena. Está un poco vacía su hoja de vida, pero llama la atención su recorrido político en el que, de seguro, nada ha tenido que ver su papá.

Diputado y luego concejal. Y según el artículo de La Silla Vacía: *"Suena como candidato a la gobernación de Bolívar en 2019"*. En otras palabras, estamos frente a un delfín de talla mundial.

Su hermana Nadia Georgette Bleel Scaff es actual senadora por el Partido Conservador y egresada en derecho de la Universidad Externado de Colombia.

Le tengo una excelente noticia, Nadia nos ayudará un periodo más en el congreso a sacar adelante este país, pues obtuvo 69.840 votos con el número 21 del Partido Conservador.

También fue concejal de Cartagena desde 2001 a 2003 y luego asesora de la gobernación.

¡Gracias al cielo por darnos tan buenos dirigentes en las mismas familias!

Llama la atención que su partido sea el conservador y no Cambio Radical, como el de su hermano, pero esto no es nuevo en las familias dueñas de esta finca llamada Colombia. En el artículo mencionado de La Silla Vacía encontrará la respuesta a dicha singularidad.

En el patrimonio político de esta familia, además de la bella Nadia como senadora y "Vicentico", tenemos en la asamblea al primo, Manuel Berrio Scaff, quien también tiene sus pergaminos, su gran obra en pro del desarrollo de la comunidad caribeña colombiana, pues es hijo de Manuel Berrio, ex representante a la cámara.

Antes de continuar con su influencia en las entidades regionales del departamento de Bolívar y en especial de Cartagena de Indias, démosle una mirada de nuevo a nuestro procurador más mediático de los últimos tiempos, su santidad Alejandro Ordóñez.

Raúl Guerrero es un reconocido abogado y profesor universitario que públicamente hizo campaña al senado por Nadia Bleel y meses después fue nombrado procurador regional de Bolívar por Alejandro Ordóñez.

La procuraduría es un gran fortín político, pues es quien investiga las actuaciones de los funcionarios públicos y tener un amigo y aliado es muy bueno, también por la cantidad de puestos de trabajo que hay en cada procuraduría regional.

Esta es una de las razones de la alta corrupción de nuestra nación, pues yo elijo a quien me investiga, y este proceder se da en todas las esferas del poder desde lo local a lo nacional.

Parece ser que Raúl Guerrero incomodó con algunas actuaciones a algunos políticos, por lo cual, nuestro faro de luz Alejandro Ordóñez lo retiró del cargo.

Le dejo un link del Universal para que complemente esta lectura:

http://www.eluniversal.com.co/politica/exprocurador-debolivar-se-va-lanza-en-ristre-contra-politicos-232038

Unos de los problemas más endémicos de nuestro Caribe es la falta de servicios públicos para toda la población y se destaca en esta crisis la deficiencia en la prestación de servicio de agua potable y alcantarillado, ¿será que la dominación de la política regional por unas pocas familias tendrá algo que ver?

Según el artículo de La Silla Vacía, los Bleel tienen gran influencia en la empresa de Aguas de Bolívar gracias a su amigo Fejed Alí.

Esta empresa apoya a la mayoría de los 45 municipios que tiene el departamento, por tanto, tener un amigo en tan importante empresa se convierte en un fortín político debido a los contratos y los puestos de trabajo que se generan.

Como el artículo en mención es de hace más de 3 años, me puse a la tarea de buscar quién es el gerente actual de Aguas de Bolívar y... ¡Sorpresa, es Miguel Eduardo Torres Scaff, hijo del ex concejal Miguel Torres Badín!

Querido lector, ¿ve el lazo de sangre?

Le dejo un link para que revise:

https://revistametro.co/2016/09/14/miguel-torres-scaff-un-experto-en-servicios-publicos-al-frente-de-aguas-de-bolivar/

No dudo de las calidades del nuevo gerente, pero de nuevo hago la pregunta, ¿fuera de las élites regionales y nacionales no hay capacidad de dirección de nuestras instituciones?

Colombia sufre el más descarado nepotismo.

Por supuesto, no podemos dejar de hacer el inventario de esta familia:

2 periodos en el concejo de Cartagena.

4 periodos en el senado (3 del padre Vicente y uno de Nadia).

2 puestos en la asamblea departamental (1 de Vicentico y el otro de Manuel Berrio Scaff).

1 puesto en la Cámara de Representantes (de Manuel Berrio padre).

LOS GUERRA

Antonio del Cristo Guerra de la Espriella es actual senador que repetirá curul por Cambio Radical con el número 5 y obtuvo 55.792 votos en las elecciones del 11 marzo 2018, como se muestra en la página de la registraduría:

Además, tiene una hoja de vida de mucho mérito intelectual que se puede consultar en Congreso Visible:

http://congresovisible.org/congresistas/perfil/antonio-del-cristo-guerra-de-la-espriella/47/#tab=0

Como en familia todo es mejor, su hermana María del Rosario Guerra de la Espriella también es senadora, pero por el Centro Democrático, y obtuvo 28.739 votos con el número 2, es decir, por detrás del ex presidente y senador Álvaro Uribe Vélez.

Pero no son los únicos de la familia que estaban en el congreso y aspiraban a repetir, su primo Julio Miguel Guerra Soto, también es actualmente senador por Opción Ciudadana, pero a diferencia de sus dos primos no alcanzó nuevamente su curul con el número 7, pues obtuvo 12533 votos y se quemó. ¡Lástima para el congreso de Colombia que no podremos contar con otro ilustre hijo de esta familia!

Estos primos son grandes delfines, como muchos de nuestros políticos, y tienen la herencia de la política, les corre por la sangre.

Miremos...

Antonio y María del Rosario son hijos de José Guerra Tulena, quien fue concejal de Sincelejo, gobernador de Sucre y congresista. Además, un tercer hijo, José Guerra de la Espriella, fue un hábil político hasta que la mala fortuna le tocó en el proceso 8.000 y el testimonio de Pallomari lo enredó. Le dejo un link del periódico El Tiempo, para que recuerde este episodio de la política nacional:

http://www.eltiempo.com/archivo/documento/MAM-837847

Es cierto que no existe el delito de sangre y que a nadie se le puede juzgar por los errores o crímenes de sus familiares, pero también es cierto que muchas de las familias en el poder logran mantenerse gracias a los ilícitos de sus familiares, que hacen política con los recursos ya conseguidos por la familia y no solo hablo de los recursos económicos, sino del poder político en las instituciones regionales y de que buscan de manera desesperada no perder el poder que ya han logrado, por lo cual, intentan gobernar en cuerpo ajeno.

Los colombianos deberíamos estar más atentos a esta jugadas de nuestros políticos y castigar semejante desfachatez, pero las listas cerradas imposibilitan esta tarea, por lo cual, no estoy de acuerdo con ellas.

Además, la lista abierta permite la entrada de nuevas figuras dentro de un partido. (De esto tengo dos bonitas experiencias que narraré en otro momento).

Sigamos...

No quiero que olvidemos a su primo quemado, Julio Miguel Guerra Soto, quien es hijo de Julio César Guerra Tulena, quien además es tío de los otros dos senadores, concejal y alcalde de Sincelejo y presidente del congreso.

Antonio tiene algunas implicaciones en el caso de Odebrecht e investigaciones por paramilitarismo.

En definitiva, esta familia tuvo dos hermanos y un primo en el congreso de la República.

¿Ve, querido lector, una de las razones de nuestro atraso?

Este libro me acompañó en la imaginación por mucho tiempo y en tiempo de elecciones siempre veía que los canales de televisión nacionales mostraban sus gráficas en elecciones y nos decían: *"Miremos cómo quedó compuesto el congreso por los diferentes partidos"*.

Cuando veía y escuchaba esto, siempre me preguntaba: *"Pero ¿no deberían mostrar con cuántas curules quedó cada familia y no por partidos?"*

Y esta pregunta tiene su lógica, pues como hemos visto, los caciques con tal de no perder su poder inscriben a sus delfines en diferentes partidos políticos porque lo importante es mantener su silla en el congreso.

¿Y lo harán por los altos propósitos de la nación? ¿Por los bienes superiores de la patria?

¿Estas familias se sacrifican en los altos puestos del poder por el bien colectivo?

Un dato para tener en cuenta…

En el momento en que escribo estas líneas, el salario mínimo en Colombia está en $ 781.242 pesos y un congresista gana $ 29.814.275 sin tener en cuenta el aumento de este año.

De esos 29 millones de pesos, $ 6.754.000 son sueldo básico, 12 millones de pesos y alguito más son gastos de representación y 9 millones es una prima técnica.

Si dividimos esos 29 millones larguitos entre los $ 781.242 pesos, nos da como resultado que un congresista gana 38,16 veces lo que un trabajador en Colombia devenga.

Visto de otra manera, un congresista gana mensualmente lo que un asalariado típico en Colombia demora 38 meses en conseguir.

Si además sumamos que el país tiene 268 congresistas, 102 senadores y 166 representantes a la cámara…

Multipliquemos 268 congresistas por 29 millones al mes.

Esto nos da que la nómina mensual del congreso suma la "bobadita", la "nimiedad" de 7.772 millones, lo que al año son 93.000 millones de pesos y en un cuatrienio suman 373.056

millones de pesos o 123 millones de dólares aproximadamente.

Que los congresistas o cualquier ciudadano ganen bien, no es el problema. De hecho, sería muy bueno para el país tener muchos ciudadanos ganando cifras parecidas, sería un gran motor económico (aunque aumente un poco la inflación).

El problema es que el dinero que se les paga a los congresistas no se ve reflejado en el bienestar colectivo de todos los colombianos.

Pensemos que Colombia es una empresa privada de la cual todos somos socios y el presidente y el congreso de la República son el director y la junta directiva y que les pagamos muy bien para que se vean los resultados, pero para nuestra sorpresa, cada vez nuestra empresa produce menos, está más endeudada y las ventas se cayeron.

¿Cuál sería la solución?

¿Nombrar un nuevo director y una nueva junta?

¿O no elegir a los mismos que quebraron la empresa?

Es muy curioso que los colombianos seamos felices eligiendo a compatriotas que han demostrado con laureles, bombos y platillos su incapacidad para gobernar y que nuestro único filtro para elegirles sea que se haya desempeñado en un cargo público sin importar sus resultados.

Para que esto quede aún más claro, a continuación narro un ejemplo de dos compadres escogiendo a su candidato:

-Compadre Dionisio, tiempo sin verlo, ¿cómo van las cosas?

-Muy bien compadrito Aurelio, aquí trabajando. Venga compadre, ¿usted ya sabe por quién votar para gobernador?

-Sí compadre, voy a votar por Robo Poquito Plata, el que fue alcalde del pueblo.

-Pero Dionisio, ¿ese no fue el que quebró el acueducto, se le cayó el puente, tenía a los policías sin gasolina para las motos y patrullas, prometió 10 colegios y no construyó ninguno, su única experiencia laboral fue haciendo males cuando era miembro del N-20, se la pasaba viajando por fuera del país, la glorieta del parque del reloj eran tres conos descoloridos y además nunca cumplió con el puesto para su hija?

-Sí Aurelio, pero es que no lo dejaron gobernar, tenía a todo el mundo en contra. Además, ya aprendió cómo era la vuelta. En la gobernación será diferente...

¡SÍ, CÓMO NO!

Uno de los objetivos de este libro es que cada compatriota tenga elementos de juicio al momento de escoger su candidato y pueda hacerle las siguientes preguntas:

> *"¿Cuántos de sus familiares y amigos están o han estado en cargos públicos?"*
>
> *"Si ya fue funcionario público por elección popular, ¿cuál fue su nivel de cumplimiento con respecto a su plan de gobierno o promesas a su electorado?"*
>
> *"Si no ha sido electo en ningún cargo, ¿qué experiencia puede acreditar?"*
>
> *"¡Pues si no ha manejado un parqueadero ni tan siquiera un puesto de perros calientes, ¿cómo esperar gobernar a toda una población?!"*

No espere querido lector y compatriota que le respondan con la verdad, si quiere tener la verdad sobre la gestión de un político en particular, deberá buscarla por su cuenta.

Ahora es muy fácil, todo está en Internet, es solo ir a Google y listo.

Aquí está el inventario de los Guerra:

6 veces senadores (2 de Antonio del Cristo, 1 de Julio César, 1 de María del Rosario, 1 de José Guerra Tulena y 1 de Julio Guerra).

1 puesto en el concejo municipal de Sincelejo.

1 gobernación de Sucre.

1 alcaldía de Sincelejo.

LA FAMILIA MERLANO FERNÁNDEZ

Hace unos años un ilustre senador, Eduardo Carlos Merlano Morales, protagonizó un bochornoso escándalo cuando los agentes de tránsito lo detuvieron en presunto estado de embriaguez. Le dejo el link para recordar los argumentos del entonces senador de la República:

https://www.youtube.com/watch?v=FYUwuPvsMM4

Como consecuencia de la divulgación de este episodio, el entonces senador fue inhabilitado por 10 años que se cumplen en 2022.

Como ya es costumbre, este ilustre hijo del departamento de Sucre es un delfín e hijo del patriarca fundador de este clan, Jairo Enrique Merlano, quien fue dos veces alcalde de Sincelejo, en los periodos 1994 a 1998 y 1998 a 2000, como se ve en la página de Congreso Visible, y además, fue senador entre 2002 y 2006 por el Partido de la U.

Creo que tanto a usted, querido lector, como a mí nos llama poderosamente la atención los saltos cuánticos de estos políticos desde los consejos de sus ciudades al congreso de la República, sin ningún escalón intermedio.

Eduardo Carlos, al igual que otros políticos, también es abogado de la Universidad Externado de Colombia.

Por su parte, Jaime Merlano Hernández, hermano de nuestro borrachín Eduardo Carlos Merlano, también fue alcalde de Sincelejo y sancionado, no por borrachín, sino por unos "pequeños sobrecostos" en su gestión. "Bicocadas", unos "milloncitos adicionales" que se gastaron.

Mario Fernández Alcocer, hijo de Antonio Fernández Quessep y Mercedes Alcocer Rosa, y a la vez sobrino y primo de todos los Merlano, es actual senador del Partido Liberal y no se presentó para la contienda electoral del 11 de marzo 2018, pero impulsó a su esposa (muy bella por cierto) la ex señorita Sucre, a presentarse por el partido Cambio Radical con el número 46 y según los datos de los resultados de la registraduría, obtuvo 53.947 y no alcanzó la curul en el congreso. ¡Gran pérdida para la nación!

Pero esa pérdida era irreparable, así que en busca del bien común y junto con su equipo, se dieron a la tarea y lograron demostrar frente a las autoridades electorales que tenía los votos necesarios y logró su curul. Le dejo un link de El Heraldo donde se narra la lucha titánica por el bien de la nación de la siempre bella Ana María Castañeda:

https://www.elheraldo.co/sucre/antonio-guerra-sale-del-congreso-y-entra-ana-maria-castaneda-520516

Le dejo la tarea, querido lector, de que haga el resumen de los puestos de esta familia en el congreso de la República.

Compatriota, al revisar las hojas de vida de los políticos de nuestra nación vemos que estudiaron en las mejores universidades del país, se especializaron en el exterior y muchos han tenido la oportunidad de trabajar en el exterior, ¿entonces por qué no aplican esos conocimientos en pos del bienestar de nuestra nación?

Muy sencillo, porque ellos no están gobernando para la mayoría, están gobernando para mantener y aumentar el poder político y económico de ellos mismos y de su círculo cercano.

Como prueba de la anterior afirmación podemos ver el atraso de las regiones al mismo tiempo que observamos el progreso económico y político de los miembros de los feudos electorales.

En los seminarios de finanzas personales, a los que asisto con regularidad, se enseña un principio de vida que es la libertad financiera y la definición que más me gusta es: "Tu nivel de Libertad Financiera la marca el tiempo que puedes vivir sin tener que trabajar".

Dicho esto, podemos asegurar que nuestros políticos han aprendido este principio pues, cuando terminan su periodo y se convierten en ex funcionarios, pueden durar años e incluso décadas sin trabajar. Debe ser que siendo funcionarios públicos aprendieron a manejar muy sabiamente su salario.

Si un político luego de dejar su cargo no tiene que trabajar, debe ser que aprendió el principio del ahorro y lo aplicó para vivir las siguientes décadas sin trabajar. Para nada es que se ayudó con el erario público y alguna que otra comisión. ¡Si seré yo mal pensado...! ¡Eso no ha pasado!

En las próximas elecciones, cuando un candidato le pida su voto, pregúntele cuándo fue su último trabajo fuera del sector público, después de que salió del puesto de elección popular anterior y cómo ha sobrevivido todos estos años sin trabajar y por favor, confirme la información, pues un candidato en campaña es capaz de prometer llevarlo a vivir a Marte.

Sigamos con los Merlano...

Aída Merlano Rebolledo, otra bella colombiana en la política, es hija adoptiva de la casa Gerlein y el contacto viene porque su papá trabajó por muchos años en la empresa constructora de Julio Gerlein, hermano de nuestro querido Roberto Gerlein, quien tiene un récord Guinness por dormir en sesiones parlamentarias. (Una vez más se repite la division familiar un miembro politico y el otro empresario).

Aída, desde muy joven fue activista política. Como dicen popularmente: "Le picó el bicho de la política".

Fue representante a la cámara y candidata al senado por el Partido Conservador con el número 34 y obtuvo 73.250 votos y también fue diputada del departamento del Atlántico.

Pero con la bella Aída quiero explicar otro típico comportamiento de los feudos electorales.

Nuestra bella se casó con el también político Carlos Rojano, quien fuese concejal de Barranquilla por allá por 2011 y aunque Aída y Carlos se divorciaron, siguieron haciendo política juntos, tanto así que Carlos fue el jefe de campaña de su ex esposa en 2014 buscando la cámara de representantes:

https://www.elheraldo.co/politica/siempre-he-sido-agresiva-en-politica-aida-merlano-220892

Uno pelea con la novia o con la esposa y le quiere quitar hasta la mascota y ellos, en cambio, aunque peleen y se divorcien siguen haciendo política juntos… ¡Vaya ejemplo de civilidad, compostura y aplomo!

Por eso son padres y madres de la patria, porque nos dan muy buen ejemplo.

Pelee con sus familiares, pero no se toquen los negocios.

Le tengo otro dato curioso…

Una hija de Carlos Rojano (pero no de Aída), Karina Rojano Palacio, muy linda por cierto, es hoy representante a la cámara electa en las pasadas elecciones de marzo del 2018:

https://elecciones.registraduria.gov.co:81/elec20180311/resultados/99CA/BXXXX/DCA03999.htm

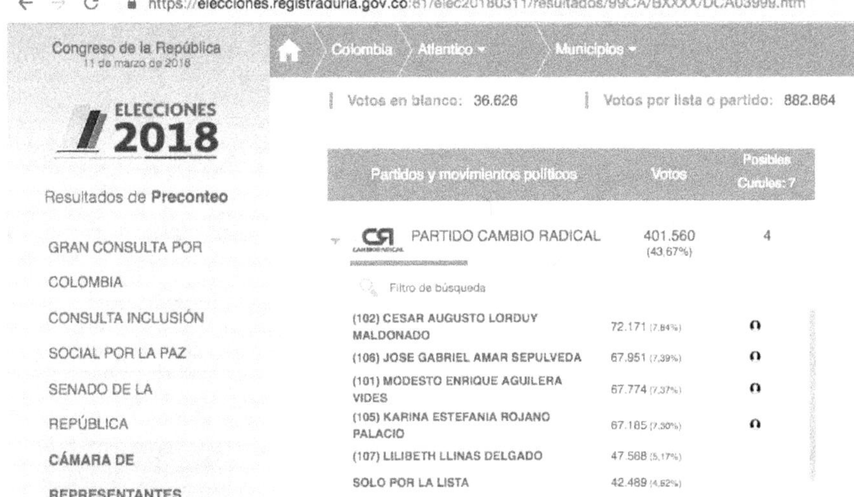
https://elecciones.registraduria.gov.co:81/elec20180311/resultados/99CA/BXXXX/DCA03999.htm
Congreso de la República
11 de marzo de 2018
Colombia   Atlantico   Municipios
Votos en blanco: 36.626
Votos por lista o partido: 882.864
ELECCIONES
2018
Resultados de Preconteo
Partidos y movimientos políticos
Votos
Posibles Curules: 7
GRAN CONSULTA POR
COLOMBIA
PARTIDO CAMBIO RADICAL
401.560
(43,67%)
4
CONSULTA INCLUSIÓN
Filtro de búsqueda
SOCIAL POR LA PAZ
(102) CESAR AUGUSTO LORDUY MALDONADO
72.171 (7,84%)
SENADO DE LA
(106) JOSE GABRIEL AMAR SEPULVEDA
67.951 (7,39%)
REPÚBLICA
(101) MODESTO ENRIQUE AGUILERA VIDES
67.774 (7,37%)
CÁMARA DE
(105) KARINA ESTEFANIA ROJANO PALACIO
67.185 (7,30%)
REPRESENTANTES
(107) LILIBETH LLINAS DELGADO
47.568 (5,17%)
Boletín: 53
SOLO POR LA LISTA
42.489 (4,62%)
(104) VICTOR MANUEL ESCORCIA
22.030 (2,39%)

ARMANDO BENEDETTI

El bicho de la curiosidad me picó al escuchar la entrevista que Armando Benedetti dio el 16 de noviembre de 2017 a Vicky Dávila en la emisora W.

En ella denunció los nexos de los hermanos Vargas Lleras con la salud.

Entonces me pregunté cuál sería la fuente del senador Benedetti y esta fuente no estaba lejos del núcleo familiar de Armando Benedetti, era su bella hermana, Ángela Benedetti.

Encontré su trayectoria política en un artículo del periódico El País, acá le dejo el link:

http://www.elpais.com.co/colombia/angela-benedetti-sera-la-embajadora-de-en-panama.html

En ese artículo, fechado el 10 septiembre de 2011, se describen sus actividades. Miremos algunas:

Concejal de Bogotá por el Partido Liberal desde 2006 a 2011.

Asesora de la presidencia de Saludcoop.

Asesora de la dirección de la Comisión Nacional de Televisión.

Por último, Ángela Benedetti fue embajadora de Colombia en Panamá hasta febrero de 2018, pues presentó renuncia y en su lugar el presidente de la República, Juan Manuel Santos, nombró a Juan Claudio Morales, tal y como consta en la página de la cancillería:

http://www.cancilleria.gov.co/newsroom/news/embajador-juan-claudio-morales-paredes-presento-copias-cartas-credenciales

Pero para llegar a esos cargos se necesita de conexiones y nuestro querido Juan Claudio Morales es hijo de un tocayo, pues su papá se llama igualito a diferencia del segundo apellido, González.

El padre de nuestro embajador trabajó en la campaña de Santos en el comité financiero y organizó un encuentro con altos directivos de Odebrecht.[i]

Quizá se estará preguntando por qué le dejo tanto link y la principal razón es para que tenga soporte de las afirmaciones acá hechas y darle credibilidad a "Los Dueños de la Finca" por eso le invito a que los revise.

Pero sigo, que estoy desviándome un poco del tema...

Estábamos con la hermana de Benedetti, la bella Ángela, que ha ocupado puestos de privilegios en las altas esferas de nuestro país.

Pensando en ello, me hice otra pregunta: *"¿Tendrá otra fuente de información el senador Armando Benedetti?"*

La respuesta está en su trayectoria, así que revisemos entonces la hoja de vida del senador Armando Benedetti que aparece en la web de Congreso Visible:

"Armando Benedetti Villaneda, nacido en Barranquilla, es comunicador social y periodista.

Antes de terminar su carrera, ya se desempeñaba como coordinador de Tele Caribe en Bogotá.

Hizo parte de la redacción política e internacional del diario El Tiempo y entre diciembre de 1990 y abril de 1991, fue reportero del Noticiero QAP.

Se desempeñó como Secretario General del Instituto Nacional de Tránsito y Transporte y ejerció la Vicepresidencia Comercial

de la Empresa colombiana de Recursos para la Salud, Ecosalud, siendo en esta empresa presidente encargado de dicha entidad durante unos meses":

http://www.congresovisible.org/congresistas/perfil/armando-alberto-benedetti-villaneda/13/

Aquí es donde encontramos la relación de este notable senador con el sistema de salud de nuestro país.

Pero si continuamos revisando la hoja de vida que aparece en Congreso Visible vemos que también fue concejal de Bogotá entre los años 1998 y 2000, como su hermana Ángela, que fue concejal de Bogotá entre los años 2006 y 2011.

Superior es el daño del nepotismo colombiano. Elegir siempre a integrantes de las mismas familias para que dirijan el país.

El mayor obstáculo del desarrollo colombiano es la concentración del poder en pocos clanes.

Clientelismo y nepotismo son las dos grandes enfermedades nacionales porque las mismas familias ocupan las embajadas, los ministerios, las sillas en el congreso, son gobernadores, alcaldes, diputados y concejales.

Y logran hacerlo por la división del trabajo, saben delegar.

Es decir, mientras unos son los candidatos a los puestos de elección popular, otros integrantes de la familia son los empresarios que se convierten en grandes contratistas con el estado, como es el caso de los Name, los Gerlein y los González en el Huila, por citar solo tres casos.

Entonces, con el poder en las manos y los recursos públicos en sus bolsillos, preparan a la siguiente generación en las mejores universidades del país y del exterior, logran excelentes hojas de vida y al mismo tiempo hacen crecer sus empresas, logran economías de escalas, capital de trabajo y experiencia, tan necesaria en contratación estatal, y con esta ventaja competitiva tan descomunal se presentan a nuevas elecciones y ganan.

Se puede decir entonces que se trata de un círculo virtuoso-vicioso. Virtuoso para el clan y vicioso para la población, innegable realidad, como es la situación de la Guajira y el Choco, por citar 2 ejemplos emblemáticos.

Los colombianos hemos sido obedientes a las clases dirigentes y estas han sido en gran medida nuestros verdugos porque han llegado al poder con nuestro apoyo, ya sea por acción u omisión (la abstención es una gran aliada de las oligarquías pues como la mayoría no vota, un pequeña fracción elige por todos nosotros).

Colombia sufre de nepotismo crónico.

Son una franja pequeña, pero deciden por todos nosotros y lo hacen en contra de la mayoría.

Así que, si la gran mayoría votara, las élites verían diluido su poder.

Démosle otro vistazo al Caribe colombiano y conozcamos a otros dueños de otras fincas electoras.

LOS DÍAZ-GRANADOS

Foto: cambioradical.com

Luis Eduardo Díaz-Granados es actualmente representante a la cámara con el aval de Cambio Radical y aspira nuevamente a llegar al congreso, pero esta vez al senado, pues es el número 6 de su colectividad y llegó con 112.591 votos (el segundo mejor resultado).

Luis Eduardo nació el 15 de julio de 1970, es hijo de Joaquín Díaz-Granados Alzamora y doña Gladis Torres de Díaz Granados y está casado con María Margarita Amaris, con quien tiene dos hijos, Luis Felipe y Verónica Isabel.

Su carrera política comenzó en el concejo de Barranquilla en el periodo 2001-2003. Más tarde fue diputado del departamento del Atlántico entre 2004 y 2007 y desde 2010 ha estado en la honorable cámara de representantes.

La estirpe de los Granados cuenta con otro ilustre hijo, Juan Pablo Díaz-Granados, abogado de la Universidad Externado de

Colombia, quien con gran olfato decidió estudiar una especialización en derecho público.

Su carrera política arrancó gracias a sus estudios, nunca por las conexiones familiares, siendo asesor jurídico de Juan Carlos Vives Menotti en la gobernación del departamento del Magdalena.

Luego, sus grandes cualidades intelectuales lo llevaron al Fondo de Previsión Social del Congreso, donde ayudó de manera magistral al gobernador de Cundinamarca en tres ocasiones, el ilustre Andrés Gonzales Díaz (ya tendremos algunas líneas sobre el gobernador Gonzales, que es abogado de la misma alma mater).

Su primo, Juan Pablo Díaz-Granados Pinedo (ex alcalde de Santa Marta) es viceministro de Desarrollo Rural, nombrado por Aurelio Iragorry Valencia.

El tío de estos dos primos, José Ignacio Díaz-Granados, fue ministro de Salud de Misael Pastrana por allá por la década de los 70 y además, fue senador y gobernador del Magdalena.

Pero su aporte al gran desarrollo nacional no solo fue como ministro de Salud y tío de estos ilustres políticos nacionales, él dejó su propia huella personalizada en su hijo, el gran Sergio Díaz-Granados Guida, quien al igual que su padre, logró ayudar a la modernidad de Colombia, ya no desde el ministerio de Salud, pues su padre dejó esa tarea resuelta, sino que lo hizo desde el ministerio de Industria Comercio y Turismo en el gobierno de Juan Manuel Santos desde el 7 agosto de 2010 al 8 octubre de 2013.

Pero su carrera no comenzó en tan altas cumbres políticas, sino que fue en sus inicios concejal de Cartagena, luego diputado a la asamblea y más tarde, el gobierno nacional de Andrés Pastrana solicitó sus valiosos servicios como asesor del Ministerio de Hacienda que encabezaba un tal Juan Manuel Santos.

Sergio fue, además, el coordinador de la campaña del presidente Álvaro Uribe Vélez.

Repasemos pues el inventario de esta familia:

2 representantes a la cámara.

1 curul en el senado.

1 puesto en el concejo de Barranquilla y otro en el concejo de Cartagena.

1 alcaldía de Santa Marta.

1 ministerio de Salud.

1 viceministerio.

1 gobernación.

1 ministerio de Industria y Comercio.

CÓRDOBA

LOS BESAILE (PRIMERA PARTE)

Para identificar a este clan vamos hacerlo por un apellido muy conocido en la nación gracias a las lágrimas de su hermano en televisión, como muestra de arrepentimiento y profundo dolor que causan los chismes de la oposición.

Date cuenta, querido lector, que muchos males de nuestros políticos son inventados por la envidia de los opositores de los padres de la patria, lo digo con ironía como muchos de mis comentarios en este libro que usted, querido compatriota, sabrá entender.

Dicho esto, seguramente recordará cómo Musa Besaile, minutos antes de entregarse a la justicia colombiana, apareció frente a los medios de comunicación rodeado de su esposa e hijos para pedir perdón por acciones que no quería cometer.

¡Si serán cínicos nuestros políticos...!

Edwin Besaile Fayad, gobernador de Córdoba y hermano de Musa Besaile, está casado con Rossana Zuleta Bechara y si los apellidos no me engañan, es familiar de Raymundo Méndez Bechara, quien es representante a la cámara.

Raymundo, que se especializó en USA y en España, no guiará más los destinos de la nación, pero dejará que su primo Erasmo Zuleta Bechara lo reemplace.

Es decir, frescura en el congreso, ideas nuevas, pero siempre de las mismas familias.

Gracias a que 62.711 compatriotas votaron por el número 103 del Partido de la U, este "pollito" será una bocanada de aire nuevo en la cámara de representantes.

Les dejo estas dos fotos tomadas de la cuenta de Instagram de Erasmo.

Querido compatriota, con dolor de patria escribo estas líneas:

¡SI VOTAMOS POR LAS MISMAS FAMILIAS, EL PAÍS NO VA A CAMBIAR!

No lo ha hecho en 200 años que llevan gobernando y no lo hará. Y lo que es peor, ellos seguirán gobernando para sus propios intereses.

Erasmo tiene un crisol como mamá, que le dio buen ejemplo.

Su madre es María Bechara (gran empresaria, ex rectora de la universidad del Sinú, ex concejal de Montería, candidata a la gobernación de Córdoba y a la cámara de representantes) y tiene una investigación por corrupción de unos "pequeños desvíos" de Ciencia y Tecnología en Córdoba: una platica que se "mecateó en cositas" y patentes de inventos que no llegaron a feliz término.

Hagamos inventario de esta familia en su larga trayectoria en el poder:

1 gobernador.

1 congresista.

1 rectoría en la universidad del Sinú.

1 concejo municipal.

Querido colombiano, como se está demostrando a lo largo de este libro, el origen de nuestro atraso, del subdesarrollo, de que seamos un país en vías de desarrollo, ¿qué digo vías? ¡En trochas de subdesarrollo! Es que nos gobiernan los mismos y somos nosotros cómplices de este atraso pues somos quienes los elegimos en las urnas.

¿Qué podemos hacer?

Dos cosas:

La primera: No votar por las mismas familias.

La segunda: Invito a los colombianos de bien, que somos la mayoría, a que se preparen y aspiren a los cargos públicos y una vez en el poder, gobiernen para la mayoría.

Entre elecciones hay cuatro años para prepararse, tiempo suficiente para conocer los desafíos de cada región, prepararse ganar las elecciones y solucionar las grandes problemáticas sociales dándole un nuevo rumbo a su región.

Necesitamos nuevos líderes con verdadera vocación de servicio.

LÓPEZ CABRALES, LÓPEZ GÓMEZ

El fundador de este clan fue Edmundo López Gómez, quien murió en 2015 a los 91 años.

Edmundo se casó con Cristina Méndez y fue un escritor político y diplomático, como consta en el siguiente link:

https://es.wikipedia.org/wiki/Edmundo_López_Gómez

También fue ministro de comunicaciones en 1987 en el gobierno de Virgilio Barco y además, fue senador y presidente de la corporación en el año 1977.

Su hermano, Libardo López Gómez, también fue un gran dirigente liberal y uno de los fundadores del departamento de Córdoba, como se puede leer en un artículo del periódico El Tiempo el día de su fallecimiento. Como es costumbre le dejo el link:

http://www.eltiempo.com/archivo/documento/MAM-253615

En ese mismo artículo nos da luces sobre el poder político de este clan.

Se casó con Dalila Cabrales, de cuya unión tenemos los siguientes hijos: Libardo José, Juan Manuel, Patricia y Sandra.

El tocayo del presidente actual, Juan Manuel Santos, es decir, Juan Manuel López Cabrales, se casó con Arleth Casado de López, quien fue señorita Córdoba en 1980 y participó en Cartagena en el reinado nacional.

Su belleza indiscutible fue el núcleo de su elección para ser reina y participar en los concursos nacionales. Para nada en su elección intervino su padre Juan B. Casado, quien fue diputado en la asamblea dé Córdoba, director de Salud del departamento y alcalde del municipio de San Andrés de Sotavento.

Arleth Casado llegó en 2010 al congreso con el aval del Partido Liberal y obteniendo la votación más alta, 111.752 votos.

En la época medieval el poder se daba por medio de los matrimonios que perpetuaban el dominio de las castas dominantes y en Colombia se está dando el mismo fenómeno.

La madre de esta bella senadora es prima de su suegro, es decir, de Libardo López Gómez.

Para evitar confusiones, nuestra bella senadora está casada con Juan Manuel López, hijo de Libardo López.

Juan Manuel fue representante a la cámara en dos periodos por allá por los años 80, pero el muchacho no podía estar solo en el congreso, así que su tío Edmundo era senador.

Libardo López Cabrales, cuñado de la bella Arleth, fue gobernador en el periodo 2004-2007, pero fue destituido.

¿Ve, querido lector, cómo las familias se perpetúan en el poder? Le dejo un link de la revista Semana que fue la fuente de las líneas anteriores:

http://www.semana.com/politica/articulo/quien-arleth-casado-baronesa-cordoba/114725-3

En la lista de candidatos al senado de la República por el Centro Democrático, encontré con el número 18 a Daniel Alberto Cabrales Castillo, quien obtuvo 11.259 votos y no pudo retener su curul.

Juan Manuel Cabrales es primo de Daniel en tercer grado, pues es sobrino-nieto de Prisciliano Cabrales, padre de Daniel.

Pregunta, querido lector, ¿existirá relación entre la perpetuación de unas pocas familias en el poder político del departamento de Córdoba y la pobreza de este bello territorio?

Si comparamos el estado colombiano con la selección colombiana de futbol y los hijos de las viejas glorias fueran los titulares indiscutidos del combinado nacional, ¿será querido lector que tal situación generaría un equipo de jerarquía internacional o tendríamos una selección de medio pelo?

Cuando el Bolillo le pegó a la moza, este acto de barbarie causó un salto de calidad en la selección colombiana de futbol, el Bolillo no pudo mantenerse en el cuerpo técnico, gracias a la sanción social y dando un paso al costado, la federación no tuvo más remedio que elegir un nuevo técnico sin roscas y sin intereses mezquinos, clasificándose para dos mundiales y haciendo historia.

¡Gracias profe Pekerman!

Podemos relacionar el mal proceder, por no decir criminal proceder, del Bolillo con la política nacional en dos aspectos fundamentales:

Primero. Gracias a la sanción social, el Bolillo tuvo que renunciar. ¿Qué pasaría si a nuestros corruptos e ineficientes políticos les aplicáramos la misma presión social?

Segundo. Al cambiar de director técnico, la selección de Futbol de Colombia mejoró notablemente, es más, logró su mejor participación en los mundiales. ¿Qué pasaría si cambiamos a todos los dirigentes que por décadas han estado atornillados en el poder? ¿Será que tendríamos un salto de calidad como lo tuvo la selección de futbol?

Este gran salto se dio porque el profe Pekerman, a quien admiro y respeto profundamente, dirigió la selección sin roscas, sin tener preferencias con algunos periodistas, con declaraciones mesuradas, sin generar polémicas y llamando a los jugadores que estaban mejor en cada momento.

Y un ejemplo para reforzar este concepto fue el caso del tigre Falcao, que no estaba al 100 % para el mundial 2014 por la lesión que sufrió en enero de ese mismo año y aunque era el jugador estelar de la selección, el profe Pekerman no lo convocó para disputar el mundial en Brasil 2014.

Imaginemos por un momento, querido compatriota, que logramos elegir a los mejores alcaldes y gobernadores en todo el país y no a los herederos de los clanes políticos, ¿será que avanzaríamos como nación y mejoraríamos en calidad de vida y en ingreso per cápita?

Usted tiene la respuesta y espero que no se le olvide al momento de votar en las próximas elecciones.

Me es difícil conocer en profundidad el monopolio de los clanes políticos en cada departamento y en cada municipio, pero de seguro que usted en su región, al leer "Los Dueños de la Finca" estará diciendo: *"Diego se quedó corto al hablar de mi departamento, pues no nombró a fulanito ni zutanito y las empresas que ellos controlan, por las cuales se concentra la mayoría de la contratación pública."*

Por favor, por el bien de todos, en las próximas elecciones y en las siguientes vote para derrocar a los clanes políticos.

Ahora, no vaya a votar por cualquiera que se presente. Antes de votar abra muy bien los ojos y piense en el bien colectivo y el progreso de su región y de toda la nación.

Hay un factor común entre el departamento de Córdoba, el departamento del Choco y el resto del país y es que las familias fundadoras de estos dos departamentos se han perpetuado en el poder y el atraso es evidente.

¿Ve, querido lector, cómo votar por las mismas familias nos trae miseria y pobreza?

Por favor, la próxima vez abra bien los ojos antes de votar por los mismos apellidos.

En las primeras de cambio de "Los Dueños de la Finca" cité un párrafo del libro *"Por qué fracasan los países"* en el que se nos habla de que el atraso de Egipto se debe al poder concentrado en las pocas manos de una reducida élite. En la misma página nos enseña:

*"Mostraremos que países como Corea del Norte, Sierra Leona o Zimbabue son pobres por la misma razón que lo es Egipto. Otros como Gran Bretaña y Estados Unidos, se hicieron ricos porque sus **ciudadanos derrocaron a las elites que controlaban el poder y crearon una sociedad en la que los derechos políticos estaban mucho más repartidos,** en la que el gobierno debe rendir cuentas y responder a los ciudadanos y en la que **la gran mayoría de la población podía aprovechar las oportunidades económicas".* [ii]

Si vencemos a las pequeñas élites, las "fami-roscas" políticas, tendremos un mejor nivel de vida. En cambio, si ellas siguen gobernando la brecha entre clases sociales se profundizará.

Si en su ciudad o municipio se presenta un candidato que ha sido alcalde varias veces o es un títere de los feudos políticos de siempre, por favor, por el bien de usted y de toda su comunidad y por el bien de Colombia, tierra querida, vote para derrocar a estos feudos electorales, pues al vencer a los clanes políticos, la gran mayoría de la población, es decir, usted mismo y sus hijos, tendrán oportunidades en sus territorios para aprovecharlas, sacarla del estadio y gritar gol en el minuto 90. O si eres de la costa, home run con bases llenas.

LOS BESAILE, LA JOYITA DE LA CORONA

Ya hemos tocado por los laditos a esta ilustre familia de la política nacional, cuna de los grandes padres de la patria, orgullo de su pueblo natal y ejemplo a emular por las generaciones venideras.

Son verdaderos patriotas, hombres de visión, ni que tuvieran una maestría en prospectiva de los territorios.

Edwin Besaile Fayad, gobernador de Córdoba elegido para el periodo 2016-2019, fue destituido e inhabilitado por 10 años por la procuraduría por presuntos desvíos de dineros destinados a la salud de los cordobeses, "bicocadas".

Esta presunta desviación no comenzó en el gobierno de Edwin, sino que data de tiempo atrás, en el periodo de Lyons como gobernador. Le dejo un link de la revista Semana por si quiere, estimado lector, repasarse este episodio:

http://www.semana.com/nacion/articulo/evidencias-de-la-fiscalia-en-contra-de-edwin-besaile-exgobernador-de-cordoba/556243

Este es otro objetivo de "Los Dueños de la Finca", demostrar cómo el poder político en Colombia está en pocas manos y se ayudan entre estos "terratenientes políticos" apalancados en actos descarados de corrupción, como fue el cartel de la hemofilia y el cartel de la toga.

Pero el hermano de Edwin Besaile Fayad es una musa de inspiración, veamos por qué:

Musa Besaile Fayad, de no ser destituido a finales de 2017 habría cumplido 16 años en el congreso, 8 años como representante a la cámara (desde 2002 hasta 2010) y 8 años, o dos periodos, en el senado (desde el 20 julio de 2010 hasta 2018), pero sus enredos con unas platicas, unas moneditas, centavitos de a peso, lo condenaron.

¡Dos mil millones de pesos 2.000.000.000 o lo que es lo mismo, alrededor de 700.000 dólares (lo que todo colombiano se gasta en unas vacaciones) fue el monto que el mismo Musa dio como soborno a altos funcionarios de las cortes!

Es que la justicia de Colombia es muy severa... ¡Pobre Musa Besaile!

Al perder esta curul, su hermano Johnny Besaile salió a defender su legado y logró ser senador para el periodo 2018-2022. ¿Qué sería de la nación sin un Besaile en el congreso? ¡Dios nos libre de semejante tragedia!

Pero Johnny (John) Moisés Besaile Fayad, no es un neófito en la política, ya había ayudado al progreso de Sahagún, siendo su alcalde por allá por 1998.

Sí señores, su visión superior y la capacidad de gerencia fueron truncados, pues fue destituido. ¡Una perdida insuperable para toda la región!

De verdad, querido compatriota, ¡3 Besaile en la política y los tres con líos en la justicia y volvemos a votar por ellos!

Debe ser que Córdoba es un departamento modelo, su ingreso per cápita debe ser de los más altos del país, la tasa de desempleo casi inexistente y la cobertura de los servicios públicos del 100 %. O lo que es lo mismo, una tierra de oportunidades y progreso.

Hagamos el inventario de los Besaile:

1 alcaldía de Sahagún.

1 gobernación del César.

5 periodos en el senado.

No olvidemos que Musa Besaile es actor co-protagonista de los mayores escándalos de corrupción de la historia reciente de la Nación.

A Albert Einstein, le adjudican la siguiente frase, aunque no hay prueba de ello: *"Locura es hacer lo mismo una y otra vez esperando obtener resultados diferentes".*

Podríamos decir que más que loco, *"un pueblo idiota es el que vota una y otra vez por los mismos clanes (apellidos) y espera obtener resultados diferentes".*

Todos los colombianos tenemos nuestra parte de idiotez y responsabilidad en el país que tenemos. ¡Es hora de cambiar!

-Haga un cambio.

-Ya lo hice con aceite Remula. (Pues somos una mulas al votar por los mismos).

¡SI VOTAMOS POR LOS MISMOS DESPUÉS NO NOS QUEJEMOS!

Vamos ahora a la bella tierra de la península de la Guajira.

LA GUAJIRA

Otros de los departamentos de mayor pobreza y desigualdad de Colombia es la Guajira, un territorio bendecido por su posición geografía que podría ser perfectamente el abastecedor de energías limpias, sino de toda la nación, al menos de gran parte de la costa caribeña, gracias al sol y viento que nunca lo abandonan.

Su población sufre de la desidia del gobierno central, que es un silencioso cómplice de la corrupción local responsable de la crisis humanitaria.

Igual que pasa en el Choco, es inverosímil (a un paso del caer en el profundo abismo de lo absurdo) que los departamentos con mayores riquezas naturales de nuestra nación generen tal grado de pobreza extrema que crece hasta el punto de convertirse en un pulpo de 10 brazos que entre sus tentáculos aprisiona los sueños, las metas y la capacidad de progreso y desarrollo de su población.

La cabeza de este pulpo es, por lo general, el patriarca fundador de los clanes políticos y sus brazos son sus familiares y amigos con los que se reparte la torta del poder.

Miremos pues, los brazos de este animal marino en la península colombiana y su predominancia en cuatro ilustres familias.

Les presento a los Gómez Bacci, los Deluque, los Pérez y los Durán...

LOS GÓMEZ BACCI

Kiko (y no es el amigo del chavo)

Juan Francisco "Kiko" Gómez Cerchar, nació en una familia de gran tradición política, pues su padre Alfonso Gómez Barros (un gran ganadero) fue también alcalde de su pueblo natal, Barrancas.

El único objetivo de este libro es tener claros los brazos de los clanes familiares que controlan el poder local y nacional en Colombia, por lo que no me referiré en profundidad a la condena a 55 años de prisión por el asesinato de Yandra Brito, Henry Ustaiz y Wilfredo Fonseca. Simplemente le dejo un link para que revise el delincuencial proceder de Kiko Gómez:

https://www.elheraldo.co/la-guajira/condenan-kiko-gomez-55-anos-de-prision-320140

Investigando este clan familiar, no tenía muy claras las relaciones familiares y quien me resolvió el acertijo fue Fernando Gómez Bacci, hijo de Kiko, en una carta abierta publicada en El Heraldo. Por supuesto, ahí va el link:

https://www.elheraldo.co/opinion/cartas-de-lectores/carta-abierta-del-hijo-del-gobernador-de-la-guajira-111968

En esa carta nos explica los cargos públicos de su familia, de los cuales se siente orgulloso y para él son sinónimo y garantía de experiencia.

Leyendo esto, podría uno afirmar que no es cinismo, sino que se siente orgulloso del actuar de sus ancestros y que todos somos unos desagradecidos por no reconocer las grandes aportes que su familia ha realizado al departamento de la Guajira.

Miremos entonces los cargos que su familia ha tenido a lo largo de la historia...

Juan Francisco "KIKO" Gómez es hijo de Alfonso Gómez, quien fue alcalde de Barrancas en dos periodos.

El bisabuelo de Fernando Luis Loreto Cerchar, fue alcalde en cinco periodos.

Kiko Gómez ha sido concejal dos veces alcalde de Barrancas y gobernador de la Guajira.

Para tenerlo todo más claro, hagamos un pequeño inventario hasta acá de los cargos que ha tenido esta familia:

7 periodos alcalde de Barrancas.

2 veces concejal en el mismo municipio.

1 gobernación.

La esposa de Kiko Gómez también nos ha iluminado a toda la nación con sus grandes aportes al progreso nacional, pues ha sido senadora por el Partido Liberal en reemplazo de José Eduardo "Pepe" Gnecco Cerchar. Pero sus aportes también estuvieron en la asamblea departamental de la Guajira.

Fernando Gómez Bacci no podía dejar que sus grandes ideales, fórmulas y todo su gran intelecto se desperdiciara, pues su estirpe es garantía de progreso en todo el departamento. Si no me cree, mire cómo ha progresado la Guajira bajo el manto protector de esta familia.

Pregunto...

¿No es la Guajira unos de los departamentos de mayor nivel de vida en toda la nación?

Para evitar confusión, y aunque sé que ya lo intuyó, ni que decir tiene que estoy escribiendo estas líneas con la mayor ironía.

La Guajira es una de las regiones de mayor pobreza del continente gracias al poder corruptor de estas pocas familias. De hecho, es uno de los manantiales del atraso de Colombia, por culpa de la concentración del poder político, y de rebote el poder económico, en pocas manos.

Estimado compatriota no podemos seguir votando por los mismos apellidos, por los mismos clanes, han tenido ya su oportunidad, así que es hora de que la sanción social por los pésimos resultados en las gestiones de estas familias sean castigados con el poder abrumador de la derrota en las elecciones.

LOS DELUQUE

Este es otro de los clanes que controlan la Guajira y que nació bajo la sombra del conocido "hombre Marlboro", el ex senador Samuel Santander López Sierra, quien fue extraditado a los EE. UU., como bien nos cuenta un artículo de Las 2orillas, le dejo el link:

https://www.las2orillas.co/el-lado-oscuro-del-presidente-de-la-camara/

El gran heredero y fundador del clan Deluque es su majestad Hernando Deluque Freyle, hombre probo y de gran entrega a su tierra natal, que fue gobernador de la Guajira entre 2001 y 2003 y condenado a 9 años de prisión por algunos "errores" en la contratación, pequeñas minucias, centavos no contabilizados.

Hernando es el padre de 3 bellos hijos que llegaron a su hogar: Tatiana, Alfredo y Ana maría.

Para respetar las normas de cortesía, miremos primero a las mujeres.

Tatiana obtuvo la dicha de casarse con un gran líder político huilense, Carlos Ramiro Chavarro, ex senador de la República por el Partido Conservador como consta en la página de Congreso Visible.

Ana María Deluque Zuleta, hasta el momento no ha participado en política y según su perfil de Facebook vive en USA:

https://www.facebook.com/anamaria.deluquezuleta/about?lst=697288052%3A660950165%3A1524524069§ion=year-overviews

El hermano de estas dos bellas mujeres es Alfredo Deluque Zuleta, representante a la cámara desde 2010.

Además, fue electo por un periodo en la cámara de representantes con el aval del Partido de la U, con 50,614 votos.

Pregunto...

¿Solo unas cuantas familias tienen integrantes con los pergaminos para dirigir el país?

¿Será que las familias dirigentes por décadas de la Guajira no tienen alguna responsabilidad en la crisis humanitaria de este departamento?

Una vez más hasta que lo aprendamos:

Podríamos decir que, más que loco, *"un pueblo idiota es el que vota una y otra vez por los mismos clanes (apellidos) y espera obtener resultados diferentes"*. Todos los colombianos tenemos nuestra parte de responsabilidad en el país que tenemos. Es hora de cambiar.

Inventario de los Deluque:

2 senadores.

1 gobernador de la Guajira.

1 representante de la cámara.

¡SI VOTAMOS POR LOS MISMOS, DESPUÉS NO NOS QUEJEMOS!

LOS PÉREZ

Tranquilo, no son familia del ratón Pérez.

En serio, me preocupó mucho que nuestro querido Ratón Pérez, que tantas alegrías les ha dado a los niños por sus sonrisas incompletas, estuviera involucrado en un feudo electoral o nepotismo, así que revisé detenidamente su árbol genealógico y no encontré ningún cargo burocrático.

Eso sí, pude visualizar que este noble oficio es pasado de generación en generación por una carrera atlética en la que el mejor entre todos los candidatos es elegido cono ratón Pérez y solo puede estar durante 3 periodos en funciones. Luego de esos 12 años, se hace una nueva carrera atlética y se elige al mejor. Tradición que deberíamos aplicar.

Ni el abuelo Ratón Pérez ni su hijo ni ningún miembro de la estirpe, han tenido contacto con la administración pública ni familiar en la política, así que podemos estar tranquilos, pues la familia del ratón Pérez no ha estado en escándalos de corrupción.

Los Pérez de la Guajira vienen de un tronco diferente y nos han bendecido con su luz, visión de patria y desarrollo singular de la hermosa península colombiana, revisemos entonces su paso por el feudo guairo.

Jorge Pérez Bernier es el fundador de este clan feudal que tiene gran magnetismo electoral por su movimiento Nueva Fuerza Guajira.

Ha sido dos veces gobernador de la Guajira y sus amigos de lucha política han tenido poder a lo largo y ancho de la península colombiana.

Empecemos por Cielo Redondo, alcaldesa del municipio de Uribía desde 2008 a 2013, y que tuvo algunos problemas con la justicia.

Su hijo es Luis Enrique Solano Redondo, actual alcalde de Uribía. Me llamó la atención la página oficial de la alcaldía, le dejo el link para que lo revise, querido lector:

http://www.uribia-laguajira.gov.co/Ciudadanos/PortaldeNinos/MiMunicipio/Paginas/Nuestro-alcalde.aspx

Es probable que no haya revisado el link anterior cansado de tantas referencias que hay en el libro, así que, dado que el link anterior es una clara muestra de lo que somos como sociedad, se lo describo...

En la página oficial del municipio, el actual alcalde presenta como pergaminos y cualidades suficientes para dirigir su municipio, el ser hijo de Cielo Redondo. ¡Qué desfachatez, parece un mal chiste!

Hijo de Cielo Redondo Mindiola, la Cacica Negra del resguardo de Uribia, la capital indígena de Colombia, donde ha sido alcaldesa durante dos periodos.

No presenta sus estudios ni sus propuestas ni sus promesas de campañas ni tampoco sus logros en otros campos. No, nuestro burgomaestre del municipio de Uribía cree que para ser alcalde de este municipio basta con ser el hijo de…

Esto equivale a una versión mejorada del *"usted no sabe quién soy yo"*.

Una posible presentación del candidato Luis Enrique Solano Redondo, puede ser así:

"Queridos paisanos, no presentaré mis estudios ni mis propuestas ni mi plan de gobierno, ustedes saben lo buena alcaldesa que fue mi mamá y yo lo haré de la misma forma."

Es como si el hijo de alguna gloria del futbol se presentara en la convocatoria de la selección y sin demostrar ningún talento o habilidad especifica, pidiera al técnico del combinado nacional ser titular y capitán del equipo y su único argumento fuera: *"Es que soy hijo de…"*

Esto no es ciencia ficción, en alguna convocatoria de la selección de Colombia ya pasó, el hijo del "Chiqui" García fue convocado a la selección absoluta cuando su padre era el técnico nacional.

En el futbol también hay roscas con sus múltiples intereses, son un pulpo con grandes brazos y en la federación colombiana de futbol también se cuecen habas. Pero nunca será comparable a la corrupción estatal.

Por los menos en el futbol no se pasan la titularidad del once nacional como herencia en un testamento porque la presión de la hinchada y los malos resultados evitan que esto suceda.

Esta presión deberíamos ejercerla también en las elecciones.

Si en las próximas elecciones jubilamos a muchos de los políticos tradicionales, permitimos un nuevo aire en los cargos de elección popular y elegimos nuevas caras, estaremos dando pasos de gigante hacia una mejor nación.

Colombia es un país en construcción, estamos buscando desde el mito fundacional hasta los personajes icónicos de nuestra cultura y ya tenemos algunos, pero hay mucha trocha por recorrer para encontrar los héroes nacionales.

Somos una nación que todavía no lo es.

Estamos en los últimos años de estudio, pero no nos graduamos, sino que somos eternos repetidores. Es decir, somos más regionalistas que patriotas.

Esto se debe en gran medida a la falta de una gran infraestructura que conecte a las regiones del país y cree un amplio mercado y de paso, por el ladito, una férrea identidad nacional. Pero tenemos un elemento en común en todas las regiones, votamos por las mismas familias.

Querido lector, una vez más, si seguimos votando por los mismos clanes políticos que han controlado al estado colombiano desde el orden nacional y local, los resultados serán los mismos. Paupérrimos.

El atraso de la Guajira no es por falta de dinero ni de recursos económicos, es por la mala administración.

Ese es el génesis, la razón fundamental es la corrupción y el robo de los recursos por parte de esta pequeña élite.

Pero no me crea a mí, le dejo un link de un artículo del investigador Ariel Ávila Martínez publicado en las 2orillas.co en el que nos ejemplifica los cuantiosos recursos que ha obtenido esta bella tierra colombiana:

https://www.las2orillas.co/no-es-abandono-es-corrupcion-2/

Es probable, querido lector, que no haya revisado el artículo anterior, así que le dejo dos datos:

El municipio Uribía, según el texto anteriormente citado, recibió más de 60.000 millones de pesos por regalías del carbón entre 2010 y 2011.

¿Será que estas enormes cifras no motivan a los clanes a mantener su poder y controlar el destino de estos valiosos recursos?

Segundo dato, que bien nos explica Ariel Ávila en su artículo ya nombrado: *"Nótese como, por ejemplo, Albania para 2009 recibió más de 70.000 millones de pesos. Y entre 2004 y 2011 recibió cerca de 300.000 millones de pesos"*

Albania es un municipio de 425 km, cuadrados y alrededor de 21.000 habitantes, por lo que si se repartieran los 370.000 millones ($ 370.000.000.000), a cada habitante del municipio le tocarían alrededor de ($ 17.619.047).

Cielo Redondo y su querido hijo son parte del clan de los Pérez, pero volvamos al fundador de este clan, Jorge Pérez Bernier, dos veces gobernador de la Guajira y que tiene unos líos con la justicia por unos dineros de la construcción de los mega colegios.

¿Será que aparte de sus amigos no tienen algún familiar en el gobierno?

¡Claro que sí!

¡Su sobrino Andrés Felipe Pérez Murillo!

La familia tiene que apoyar la construcción de la nación.

LOS DURÁN

Duran y duran en el poder y no lo sueltan, supongo yo que es porque les pagan horas extras y los tienen en una buena EPS.

Otro clan político de mentes brillantes, almas nobles y brazos trabajadores por la gente de su tierra son los Durán.

¿Qué sería de los niños de la península caribeña colombiana sin la dirección de estas familias?

Como fundador del clan tenemos a Antenor Durán Carillo, 15 años congresista por el partido AICO (Autoridades Indígenas de Colombia) quienes, en un acto de conciencia social, le negaron el aval para estas elecciones, por lo que ni corto ni perezoso, nombró a su delfín político José Durán, que es sobrino suyo y lo hizo por el Partido Liberal en el cual su esposa Astris Ariza es diputada en la asamblea de la Guajira.

Hace algunos años, en alguna campaña política que apoyé, un ciudadano nos dijo: *"Están muy bien todas sus propuestas, pero es que ustedes están en un partido político muy pequeño, si estuvieran en un partido grande y tradicional yo les votaría".*

Traigo esto a colación porque mientras nosotros los votantes nos peleamos por los partidos, por los caciques, por los colores y por las banderas con nuestros amigos y familiares y llegando muchas veces a dejar de hablarnos, ellos utilizan los partidos políticos como franquicias de negocios.

EL CÉSAR

¡Viva el César, ave César!

Llegamos a nuevas tierras del bello Caribe colombiano, patria mía gobernada por unos pocos.

Veamos si este terruño ha sido exento de las malas prácticas políticas, o al menos del IVA, tanto de los gobernantes como de los votantes, pues recordemos que para que los políticos sean elegidos, muchos ciudadanos deben votar por ellos, así que somos también responsables del atraso de nuestra nación.

Llegamos al departamento del César que, según los datos de la página web de este departamento, cuenta con más de un millón de habitantes y su economía tiene 3 grandes vertientes: la agricultura, los servicios y la minería.

Pero de lo que no se informa es que son tres las familias que controlan a esta bella parte de Colombia.

¡Tres familias controlan el destino de más de un millón de colombianos!

Miremos quiénes son esos dirigentes…

LOS GNECCO CERCHAR

Ya habíamos abandonado la Guajira y se suponía que estábamos en el departamento del César, ¿entonces será coincidencia que se repitan los apellidos?

¿De pronto tienen los mismos apellidos, pero no son familia?

No es así. Para desgracia del progreso de nuestro país no es el caso.

No solo tenemos élites departamentales, sino que estos clanes ahora tienen cooptado el poder en varios departamentos. Realmente nuestros políticos se comportan como feudos y el presidente es el rey.

Nuestro famoso "Kiko" Gómez se salió de su vecindad y no para buscar una torta de jamón, sino para ayudar al departamento del César con la visión familiar de región.

Mi querido lector, lo verdaderamente triste es que la información recopilada en este libro no fue muy difícil de encontrar, estaba siempre a un clic como lo demuestra todos los enlaces que les dejo.

Mi propósito es lograr que los votantes de cada región tengan elementos de juicio y **no voten** por las mismas familias, porque esta es la raíz del atraso de las regiones de Colombia. (Sí, sé que me repito, pero lo repetiré en este libro hasta que lo aprendamos).

Como bien vimos en la Guajira, el atraso de esta hermosa península no es por falta de recursos, ya que tiene las **regalías del carbón del Cerrejón,** sino por la corrupción de unas pocas familias que tienen como empresa el socavar las finanzas del estado y para ello utilizan varias franquicias, es decir, partidos políticos sin importar su ideología, como se ha demostrado a lo largo de estas páginas.

Es muy probable que la solución que nos viene a la cabeza sea implantar una ley en la que se prohíba que los familiares de primer o segundo grado de consanguinidad de los funcionarios públicos elegidos por voto popular puedan tener participación en alguna de las tres ramas del poder.

Estoy totalmente de acuerdo con poner un límite de máximo tres periodos para los congresistas, diputados, concejales, miembros del JAC, etc.

Sin duda, sería de un gran avance que para todo cargo de elección popular existiera dicha restricción. Es decir, para alcaldes, gobernadores y demás funcionarios públicos elegidos por voto popular, que no puedan tener más de 3 cargos de elección popular. No es una solución definitiva, pero ayudaría.

Esta solución está coja, pues como ha pasado en varias regiones del país en donde sus grandes jerarcas políticos han sido condenados por corrupción, estos gobiernan en cuerpo ajeno, ya sea de un familiar o de algún amigote.

La verdadera solución es que los votantes, los ciudadanos, estemos empoderados y que cuando veamos un clan que lleva mucho tiempo en el poder, decidamos con nuestra arma del voto que ya fue suficiente y los saquemos del poder, los jubilemos, les demos muerte política.

En todas las campañas políticas se crea una estructura que se comporta como un iceberg, es decir, una parte es totalmente visible para el ciudadano (que es donde están el candidato y los líderes políticos que le apoyan) y debajo de ellos se crea de manera natural otra estructura invisible para los electores. Son los que llamaré "activistas políticos anónimos". (APA).

Estos activistas son los brazos, el corazón, y la columna vertebral de toda campaña y no importa su edad, su género o su nivel de estudios, los hay de todos los colores, de todas las edades y de todos los niveles de educación.

Su participación en cada campaña nace de un deseo sincero y honesto por cambiar o mejorar nuestra sociedad, de "aportar su granito de arena", pero son los más manoseados por los clanes y cacicazgo y luego, cuando su candidato es elegido, son la primera línea de traición, pues ya su amigo de luchas políticas no les contesta el teléfono ni les devuelve las llamadas y los cita a la oficina para hacerlos esperar 6 horas y que después de ese tiempo, una hermosa secretaria les informe: *"El doctor no le puede atender hoy, estará en comités todo el día, me dice que le llamará este fin de semana para que se reúnan."*

Ese fin de semana se convierte en meses, en años y nunca se da la reunión.

La decepción de los activistas (APA) es peor que la primera tusa de un adolescente y dura hasta las próximas elecciones, cuando el candidato necesita una vez más de los activistas.

Si usted, querido lector, ha pertenecido a los "Activistas Políticos Anónimos" es hora de dar un salto y ser usted el candidato, no apoye más a estos feudos electorales, porque es muy probable que le surja la inquietud: *"¿Será que no estoy preparado?"*

Ante esta inquietud tengo el remedio, no es otra que estudiar y prepararse para ocupar los puestos de elección popular.

Usted, querido lector, querido "Activista Político Anónimo", si se prepara puede ser un excelente concejal, alcalde, diputado, gobernador, congresista y presidente, ¿por qué no?

Pero volvamos al bello departamento del César y miremos las dinastías políticas de esta bella región de Colombia...

Cada día que investigo y avanzo en la redacción de "Los Dueños de la Finca", me sorprendo más por lo acertado del título y me genera un dolor de patria ver que en tan pocas manos está el manejo de todas las instituciones de nuestro estado.

Cuando empecé con el departamento del César me llevé una desagradable sorpresa, los tentáculos de los clanes políticos de la Guajira también se apoderaron del César y del departamento de Magdalena, del cual hablaremos en su momento.

Por ahora miremos el clan Gnecco Cerchar:

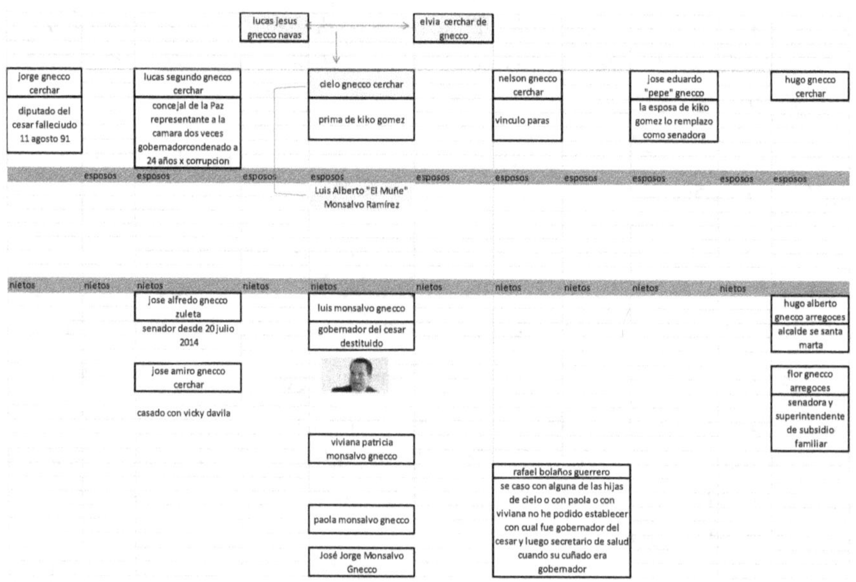

Arranquemos por el patriarca, Lucas Jesús Gnecco Navas, que se casó con Elvia Cerchar de Gnecco y tuvieron cinco hijos: Lucas Segundo Gnecco Cerchar, Cielo Gnecco Cerchar, Nelson Gnecco Cerchar, José Eduardo "Pepe" Gnecco Cerchar y Hugo Gnecco Cerchar que, para esta investigación, fue el último hijo que encontré y lo hice en la página 1366 de un excelente libro del autor Julio César García Vásquez, llamado "Genealogía colombiana".

Me llenó de asombro que este súper investigador, Julio César García, no tuviera claro quién era el padre de Luis Monsalvo Gnecco. Yo lo tenía claro, pero me faltaba Hugo, quien me aparece gracias al buen trabajo de Julio César García.

Comencemos entonces a mirar qué cargos ha tenido esta familia.

Ya dijimos que don Lucas se casó con Elvia y la vena política de sus hijos se dejó ver desde temprano...

Hablemos, por ejemplo, de Lucas Segundo Gnecco Cerchar quien fue concejal del municipio de La Paz, representante a la cámara y dos veces gobernador del César y fue condenado a 24 años por corrupción.

Otro gran político de la familia es un nieto de don Lucas e hijo de Cielo, le presento a Luis Monsalvo Gnecco quien en 2002 fue representante a la cámara y luego en el periodo del 2012 al 2015 fue gobernador del César.

Pero su madre es una matrona de la política y un yerno de doña Cielo, Rafael Bolaños Guerrero, casado con alguna de las hijas de Cielo, con Paola o con Viviana, no he podido establecer con cuál, fue gobernador del César y luego secretario de Salud cuando su cuñado era gobernador.

Pero como el César no puede tener tan pocos líderes de esta familia en la política, otro hijo de don Lucas que nos bendice, no solo al departamento del César, sino a toda la nación, es José Eduardo "Pepe" Gnecco Cerchar, quien fue senador desde 1998 a 2002 y candidato a la gobernación del César tratando de reemplazar a su hermano gobernador electo Lucas Gnecco Cerchar.

Para fortuna del departamento del César no lo lograron.

¿Ve, querido lector, cómo estas familias monopolizan el poder?

No olvidemos que nuestra bella perla del Caribe, la ciudad de Santa Marta, también ha sido bendecida al ser dirigida por uno de los integrantes de esta familia, Hugo Alberto Gnecco Arregoces, hijo de Hugo Gnecco Cerchar y sobrino de doña Cielo.

Hugo Alberto actuó como alcalde de Santa Marta y fue condenado a 10 años de prisión por malos manejos de los dineros públicos en su administración.

Hagamos ahora, querido lector, nuestro ya acostumbrado inventario de los cargos públicos de esta familia:

1 concejal en el municipio de La Paz.

Diputados a la asamblea.

Representante a la cámara.

4 gobernaciones del César.

3 senadores de la República.

1 alcaldía de Santa Marta.

Esto, sin contar que son familiares de "Kiko" Gómez (Juan Francisco Gómez Cerchar).

Así que, si contamos que el departamento del César tiene más de un millón de habitantes y la Guajira alrededor de 900.000, es decir, casi dos millones de colombianos viven en estos dos departamentos, ¿será que en este amplio universo de personas no encontramos nuevos líderes que no pertenezcan a los clanes políticos tradicionales?

LOS CUELLO

Miremos otra de las dinastías políticas de nuestro bello departamento del César, los Cuello.

Pero antes, quiero aportar un dato suelto que me llamó la atención antes de entrar con esta familia, el primer gobernador de este departamento fue Alfonso López Michelesen, como consta en la misma página del departamento del César.

Ahora sí, vamos con los Cuello…

El patriarca fundador de este clan, Manuel Germán Cuelllo, fue también partícipe en la fundación del departamento del César al ser integrante del Comité Pro-Departamento del César.

En ese momento, don Manuel era gerente de Fenalco, tal y como se lee en la propia página web del departamento, como es costumbre le dejo el link:

http://cesar.gov.co/d/index.php/es/mainmeneldpto/mengobhis

Don Manuel Germán Cuello tuvo varios cargos: fue primer alcalde de Valledupar (capital del César), senador de la República, diputado a la asamblea departamental y gobernador del César desde 1971 a 1974.

Su hijo, Alfredo Cuello Dávila, fue congresista por el Partido Conservador y su nieto, Alfredo Cuello Baute, es representante a la cámara también por el Partido Conservador y logró mantener su curul por un periodo adicional, como se puede ver en la página web de los resultados del 11 de marzo de 2018 de la registraduría nacional del estado civil:

https://elecciones.registraduria.gov.co:81/elec20180311/resultados/99CA/BXXXX/DCA12999.htm

Augusto Ramírez Uhía, más conocido como el "Yuto Uhía", es un gran alfil de este clan y por medio de él lograron ganar la alcaldía de Valledupar, ya que renunció a su puesto en el concejo municipal del mismo municipio con el apoyo de los Gnecco para después aspirar y luego ganar la alcaldía de Valledupar.

El apoyo de los Gnecco viene desde tiempo atrás, pues "Tuto Uhía" fue secretario del gobierno del departamento del César cuando Luis Alberto Monsalvo era el gobernador.

Como puedes observar, querido lector, en estas páginas estoy tratando de no hacer juicios sobre las administraciones y desempeños de los miembros de los clanes de estas familias cuando han estado al frente de la rama ejecutiva del país, ya sea del orden nacional, departamental o municipal, solo he hablado sobre las relaciones familiares y la concentración del poder en pocas manos.

Sigamos...

LOS ARAÚJO

Bien nos han enseñado las abuelas que no se deben poner todos los huevos en la misma canasta.

Esta emblemática familia puso en práctica dicho consejo y ha logrado tener a muchos de sus integrantes en alguna de las tres ramas del estado, (muchos huevos en muchas canastas).

Algunos sirven a la patria desde la rama ejecutiva, otros desde la rama judicial, y algunos otros desde la legislativa.

Su visión superior y su capacidad de trabajo no se puede desaprovechar porque, ¿qué sería de Colombia sin los Araújo?

De seguro que seríamos un país del cuarto mundo.

Así pues...

¡Bienvenidos al clan Araújo!

El patriarca fundador de este clan es el señor Santander Araújo Maestre quien por la década de los 40 fue alcalde de Valledupar.

Se casó con Blanca Noguera y los cielos los bendijeron con 8 hijos de los cuales tres aportaron a la construcción de nuestra nación.

Miremos un poco...

Álvaro Araújo Noguera nació en 1935 y ocupó grandes cargos, siendo una pieza fundamental en la creación del departamento del César.

Se casó de primeras con María Lourdes Castro Socarras, aunque después tuvo otros matrimonios.

Álvaro fue ministro de Agricultura de Alfonso López Michelsen y senador de la nación.

Pero comencemos desde la fundación del departamento.

Si revisamos la página de la gobernación, aquí le dejo el link, vemos los personajes que fueron claves en la fundación del nuevo departamento que se dio bajo el gobierno de Carlos Lleras Restrepo:

http://cesar.gov.co/d/index.php/es/mainmeneldpto/mengobhis

Por ejemplo, el primer gobernador fue el señor Alfonso López Michelsen, quien luego sería presidente de la República.

La hija con vena política de don Santander fue Consuelo Araújo Noguera, más conocida como "La Cacica".

Fue ella quien creó el festival de la Leyenda Vallenata, además de ser ministra de Cultura en el gobierno de Andrés Pastrana.

"La Cacica" se casó en segundas nupcias con Edgardo José Maya Villapinzón.

Me preocupó ver a un familiar de la abeja Maya metido en la política, así que busqué una entrevista con José Miel, quien bajo la gravedad de juramento y luego de revisar la genealogía de su amiga, puede dar testimonio de que no son familia.

Se salvó la abeja Maya del desprestigio.

Pero Edgardo sí es toda una abeja de la política, no por nada ha sido dos veces procurador.

Un nieto de don Santander, Jaime Araújo Noguera, se ha desempeñado como magistrado, ha ostentado un cargo diplomático en el Vaticano, fue abogado del senador Iván Moreno Rojas y fórmula vice de Piedad Córdoba.

No podemos olvidar a Hernando Molina Araújo, quien fuese gobernador del César, destituido el 17 de mayo de 2017.

Hernando es hijo del primer matrimonio de "La Cacica" con su padre, Hernando Molina Céspedes, entonces es hijastro del contralor Edgardo Maya y medio hermano de Edgardo José Maya Araújo.

H.M.A. se casó con Carolina Carvajal Rivera, hermana de Rubén Alfredo Carvajal Rivera, ex alcalde de Valledupar y destituido por la Procuraduría General de la Nación.

Su hijo responde al nombre de Hernando Enrique Molina Carvajal y se casó con la bella Fadia Muvdi, hija del ex congresista Pedro Muvdi Aragueña, honorable senador que fue condenado por la corte suprema a 13 años de prisión, le dejo un link de El Espectador, para que amplíe el tema:

https://www.elespectador.com/noticias/judicial/corte-suprema-condeno-13-anos-de-prision-al-excongresista-pedro-muvdi-por-parapolitica-articulo-692245

Foto de Fadia Muvdi tomada de su cuenta en Facebook.

El hermano de la siempre bella Fadia, disfruta del servicio a la comunidad y aspiró a un puesto en la cámara de representantes con el aval del Partido de la U.

Las nuevas ideas deben llegar al congreso, ¡cómo nos hacen falta!

Miremos una de las imágenes de su campaña:

Pero nos desviamos del señor Hernando Molina Araújo, volvamos y observemos la gran trayectoria en el servicio de la nación de H.M.A.

Un datico menor, a diferencia de la gran mayoría, don H.M.A. no se graduó del pregrado de derecho en la Universidad Antonio Nariño. Sin embargo, tuyo una brillante carrera diplomática, ya que fue cónsul de Colombia en Guatemala, Costa Rica y Panamá y también fungió como concejal y gobernador.

Ideas nuevas de viejas roscas

A lo largo y ancho de este libro hemos visto cómo los delfines se han capacitado en las mejores universidades del país como en el exterior, por eso me llamo tanto la atención que Hernando Molina Araújo tuviera una extraordinaria carrera diplomática sin tener un título de pregrado.

Cosa distinta de nuestra bella Fadia Muvdi, quien es Magister en Gobierno y Administración Pública, tal y como se ve en su cuenta de Twitter, al igual que su hermano y los demás delfines nacionales, ya que todos tienen una preparación de alta calidad.

Sería una falta de cortesía por mi parte no incluir a tres miembros ilustres de esta familia, hablo de Álvaro Araújo, Sergio Araújo y Ana María Araújo.

Álvaro Araújo Castro

Para evitar confusiones en la línea genealógica, lo primero que quiero aclarar es que es hijo de Álvaro Araújo Noguera y por lo tanto, hermano de la actual gerente de Transmilenio, María Consuelo Araújo.

Fue representante a la cámara desde 1994 a 2002 y luego senador desde 2002 a 2007.

También fue uno de los fundadores del Partido Alas y tuvo unos líos con la justicia a los cuales no me referiré.

Estudió Economía en la universidad Externado de Colombia.

Ana María Araújo Castro

Fue vicecónsul en Milán, Italia, desde 1992 a 1996 (en los gobiernos de César Gaviria y Ernesto Samper), trabajó para la contraloría cuando el segundo esposo de su tía, Edgardo Maya, dirigía dicha institución y lo hizo muy bien como directora administrativa y financiera del Fondo de Bienestar de la contraloría desde 2015 hasta comienzos de 2018:

http://www.mintrabajo.gov.co/documents/20147/64009/HV+ANA+MARIA+ARAUJO+CASTRO.pdf

http://www.mintrabajo.gov.co/documents/20147/64009/HV+ANA+MARIA+ARAUJO+CASTRO.pdf/8fb13fe4-0d5b-2e8f-4797-4a1a15f088b0?version=1.0

Los dos link anteriores son la hoja de vida de A.M.A.C. y la fuente de la información anterior y la imagen que verá es el nuevo cargo en el ministerio de Trabajo como directora de Movilidad y Formación Laboral para el Trabajo del Ministerio del Trabajo, tal y como se puede ver en el organigrama del ministerio de Trabajo que le presento a continuación:

http://www.mintrabajo.gov.co/web/adminportal

Para que no se pierda la conexión, es hermana de María Consuelo Araújo Castro actual gerente de Transmilenio.

Sergio Rafael Araújo Castro

Otro integrante de la familia Araújo que ha participado en política es don Sergio Rafael Araújo Castro, quien no ha contado con suerte cuando ha ido a las urnas, ya que fue candidato a la alcaldía de Valledupar, pero abandonó la contienda electoral por amenazas y en las últimas elecciones fue candidato al senado por el Centro Democrático y no logró los votos suficientes.

Además, ha trabajado en la contraloría general, creó un canal de televisión, es egresado de la universidad Externado de Colombia y como ya sabrá, es hermano de la actual gerente de Transmilenio, María Consuelo Araújo Castro.

Sergio Rafael Araújo Castro, hermano de Alvarito, también creó el partido Alas en 1996 y aspiró a una curul en el senado por el Centro Democrático con el número 12, obteniendo 22.799 votos.

¡Qué pesar y tristeza para la nación que las ideas claras en apoyo de la gran mayoría de los colombianos, nacidas de la erudición de Sergio Rafael, no estarán en el Congreso!

¡Gran falla!

María Consuelo Araújo Castro

Prueba fehaciente de que las bendiciones de los cielos en Colombia llegan a unas pocas familias para que, desde su gran gestión, todos los colombianos podamos disfrutar del gran nivel de vida, es la capacidad de esta bella mujer.

Pues no solo ha sido ministra de Cultura y luego ministra de Relaciones Exteriores en los gobiernos del presidente Álvaro Uribe Vélez, sino que en sus comienzos fue directora del jardín botánico José Celestino Mutis en la primera administración del doctor con doctorado Enrique Peñalosa (nuestro querido "Kike II") y luego gerente del Instituto Distrital de Recreación y Deporte de Antanas Mockus, en su segundo mandato en la capital de la República.

A partir del 5 de febrero de 2018 es la gerente de Transmilenio, así lo dejo ver el alcalde de Bogotá, doctor con doctorado, Enrique Peñalosa.

¿De verdad, querido compatriota, una sola persona tiene las capacidades técnicas para dirigir tan diferentes entidades?

No tengo nada personal en contra de María Consuelo o cualquier otro miembro de los clanes políticos de nuestra nación, pues nosotros, los ciudadanos de a pie, lo hemos permitido porque ellos, sin nuestros votos, no mantendrían el poder por generaciones.

Otra integrante de esta familia que trabajó bajo el mando de Edgardo Maya fue la bella Ana Margarita Fernández de Castro, esposa de José Alfredo Escobar Araújo, quien fue presidente del Consejo Superior de la Judicatura.

La hermana de J.A.E.A. es Lourdes Leonor Escobar Araújo, quien se casó con Reginaldo Bray, representante de Dragacol, uno de los muchos escándalos que azoto a la Nación.

Lourdes y José Alfredo son hijos de Hugo Sierra Escobar y de Josefina Araújo, quienes ya fallecieron.

Don Hugo Sierra Escobar fue representante a la cámara, senador entre 1966 y 1990, ministro de Justicia de Julio César Turbay Ayala, embajador de Colombia frente a las Naciones Unidas en 4 oportunidades y una vez frente a la Santa Sede.

Bueno, una vez llegados hasta acá, hagamos nuestro acostumbrado inventario:

2 alcaldías de Valledupar.

1 curul en el senado.

1 ministerio de Agricultura.

2 ministerios de Cultura.

1 ministerio de Relaciones Exteriores.

1 diputado.

1 representante a la cámara.

1 cargo diplomático en el Vaticano.

4 embajadas en la ONU.

3 Consulados.

1 Ministerio de Justicia.

1 contraloría general de la Nación.

1 candidatura vicepresidencial.

1 gobernación de César.

Les falta la presidencia y quedan listos pa' la foto.

Querido compatriota, esta familia ha tenido 4 ministerios en su poder, dos de ellos en el Ministerio de Cultura.

¿En ninguna otra familia colombiana nacen colombianos con la capacidad de dirigir los destinos de la nación?

¿Qué podemos hacer?

¿Cuál es nuestra responsabilidad como ciudadanos?

¿Hemos sido cómplices?

¿Estaremos condenados a que se mantengan las mismas familias en el poder?

LOS SAMPER

Venimos a la genealogía de uno de los YouTubers más conocidos del país, Daniel Samper Ospina, un YouTuber de entre 40 y 43 que tiene un tío muy popular por un elefante que pesó como 8000 toneladas.

Su tío, Ernesto Samper Pizano, fue presidente de la República en la década de los 90 y le entregó el cargo al hijo de papi Andresito Pastrana Arango.

Pero miremos la estirpe de esta familia...

Su tío y su padre, es decir, Ernesto Samper Pizano y Daniel Samper son hijos de Andrés Samper Gnecco y Elena Pizano Pardo y por lo tanto, nietos adorables de Daniel Samper Ortega y María Amalia Gnecco Fallon.

¿Tendrán alguna relación familiar con Gnecco de la Guajira?

Ya miraremos.

Por ahora sigamos revisando la estirpe samperista.

Nuestro querido presidente tiene 8000 grandes cualidades y es tataranieto de Miguel Samper Agudelo, quien fuera candidato presidencial en 1898 y dos veces ministro de Hacienda.

Una vez más, el gran investigador colombiano Julio César García Vásquez en su obra "Genealogía colombiana", nos permite tener claro los parentescos.

Sin embargo, no solo hacia el pasado están los Samper en el reparto de los puestos de alta dirección de nuestra nación.

Como es sabido, nuestro presidente Ernesto Samper se casó por segunda vez con la bella Jacky Strauss Lucena y los cielos los bendijeron con el nacimiento de un hijo, Miguel Felipe Samper Strauss, quien ha actuado como director de justicia transicional, viceministro de justicia y director de la agencia nacional de tierras.

A su favor, todos estos delfines pueden esgrimir que tienen los estudios y la preparación para ocupar estos cargos. Lo cual es cierto si miramos las hojas de vida y su preparación académica, como hemos hecho con algunos de los personajes protagonistas de este libro.

Lo que les preguntaría a estos delfines es si tienen la preparación académica, estudios en el exterior, conocimiento específico como maestrías y demás postgrados, además de conexiones internacionales y visión del mundo y sus familias han gobernado por décadas las regiones, ¿cuál es el motivo del atraso y la pobreza de sus regiones bajo sus mandatos?

¿Sin el pedigrí habrían podido estar en los cargos públicos en los que han estado?

¡Claro que no!

Querido lector, pregúntese cuántos ministros, alcaldes, diputados y gobernadores ha tenido su familia en los últimos 200 años.

¿Será, querido lector y compatriota, que la concentración del poder político en unas pocas familias es una de las variables de la ecuación del atraso de nuestra nación?

Le dejo a usted la respuesta y las otras variables de la ecuación, como el peso porcentual de cada variable.

LOS GALÁN

Recuerdo como si fuera ayer cuando mi madre, en la puerta de la carnicería que teníamos para ese momento, me dijo: *"¡Mataron a Galán!"*

Yo era un niño para esa fecha, pero sentí un gran dolor en mi alma, sabía que el país vivía una de las épocas más trágicas en su historia y no cesó la horrible noche todavía, pues aún continúa.

Al investigar para este libro salieron a flote algunas curiosidades que confirman una vez más que Colombia ha sido gobernada por unas pocas manos. Le cuento...

Nuestro gran dirigente liberal Luis Carlos Galán Sarmiento, nació en el hogar formado por Mario Galán Gómez y Cecilia Sarmiento Suárez.

Por el lado materno, su abuela María Suárez Galvis Marín Durán era prima segunda del presidente Eduardo Santos.

Fue un gran estudiante que ocupó el primer puesto siempre y estudió en la Javeriana, donde fundó la revista Vértice.

Mario fue contralor de la República y presidente de Ecopetrol desde 1963 a 1974, tal y como está publicado en el diario La República.

Le dejo el link:

https://www.larepublica.co/economia/conozca-la-duracion-promedio-de-un-presidente-en-ecopetrol-2546192

PRESIDENTES DE LA COMPAÑÍA

1951	Luis Emilio Garcés
1952	Santiago Trujillo Gómez
1953-1956	Francisco Puyana Menéndez
1957-1959	Marco Aurelio Arango
1960-1962	Samuel Arango Reyes
1963-1973	Mario Galán Gómez
1974-1977	Juan Francisco Villarreal Buenahora
1978	Ernesto Suárez Rueda
1979	Álvaro Barrera Rueda
1980-1981	José Fernando Isaza Delgado
1982-1984	Rodolfo Segovia Salas
1985	Alfredo Carvajal Sinisterra
1986-1987	Francisco José Chona Contreras
1988-1991	Andrés Restrepo Londoño
1992-1994	Juan María Rendón Gutiérrez
1995-1996	Luis Bernardo Flórez Enciso
1997	Antonio José Urdinola Uribe - Enrique Amorocho Cortés
1998	Carlos Rodado Noriega
1999-2001	Alberto Calderón Zuleta
2002-2006	Isaac Yanovich Farbaiarz
2007-2015	Javier Gutiérrez Pemberthy
2015-2017	Juan Carlos Echeverry Garzón

Estudiante aventajado, al terminar los estudios en 1965 entró a trabajar en el periódico El Tiempo gracias a Eduardo Santos, quien era padrino de matrimonio de los padres de Galán.

Gracias a su inteligencia superior, en verdad lo era, fue elegido ministro de Educación en el gobierno de Misael Patrana.

No hay nada de malo con este gran dirigente que dio la vida para combatir a los peligrosos delincuentes de la década de los 90. Lo malo es que sus tres hijos y algunos otros familiares se han lucrado de la memoria del líder liberal y están esperando en fila india ocupar el solio en la casa de Nariño.

En definitiva, son una dinastía que se quiere perpetuar en el poder.

Miremos los cargos que los tres Galán han tenido...

Empecemos por el hijo mayor Juan Manuel Galán Pachón. Nació en 1972, por lo que tiene 47 tiernos añitos y estos son sus cargos:

Director de juventudes de la campaña presidencial de Andrés Pastrana.

Viceministro de la Juventud del Ministerio de Educación. (1990-1994).

Comentarista de la cadena RCN Juan Gossaín, 2003.

Ministro Plenipotenciario en Londres, 2004.

3 periodos como senador: 2006-2010, 2010-2014 y 2014-2018.

Le tengo una mala noticia, renunció al Partido Liberal.

Y cito textualmente: "*... que su dirección **sigue cooptada por los cacicazgos de siempre**, el ex senador, hijo del inmolado líder Luis Carlos Galán, renunció a su partido*":

https://www.elespectador.com/noticias/politica/el-partido-liberal-se-convirtio-en-un-partido-neoconservador-juan-manuel-galan-articulo-815247

Que de la boca de un delfín del tamaño de J.M.G.P. salga la declaración de que el Partido Liberal está cooptado por los cacicazgos de siempre, es un chiste de mal gusto.

¡No jodas Juan Manuel Galán! ¡No seas caradura!

Pero no es el único hijo de Galán en la política, miremos a su hermano Claudio Mario Galán Pachón, aclaro, no es el gallo Claudio:

Secretario de Planeación Departamental de Cundinamarca (2009-2011).

Director de Justicia, Seguridad y Gobierno y del Grupo de Proyectos Especiales en el Departamento Nacional de Planeación (DNP) (2012-2014).

Ministro Consejero en la Embajada de Colombia en Austria.

Cónsul en Hamburgo.

Alcalde encargado de Soacha.

Cónsul General en París (2012-2017).

El tercer hijo, Carlos Fernando Galán Pachón, tiene también una hoja de vida envidiable, miremos:

Corresponsal de la Revista Semana (2000 y 2001).

Asesor de César Gaviria cuando era Secretario General de la OEA (2001–2003).

Redactor de la sección "País" de la Revista Cambio (2003–2004).

Editor político de El Tiempo (2005-2006).

Concejal de Bogotá (2007-2010).

Secretario Anticorrupción y de Transparencia (2012–2015).

Senador por Cambio Radical (2016-).

Pero, además de ellos, la mamá de estos tres delfines, Gloria Pachón Castro, también nos ha ayudado, desde la embajada en Francia y la embajada ante la Unesco, a construir el mejor vividero del mundo.

No continuaré enunciando a los otros miembros de la familia Galán con cargos en alta dirección del estado, pero le dejo un excelente link donde encontré la información anterior y tiene la de los demás miembros de casi toda la familia y su puesto:

https://www.razonpublica.com/index.php/economia-y-sociedad/10279-el-clan-de-los-gal%C3%A1n-pach%C3%B3n.html

Gracias a José Alonso Gómez por tan extensa investigación y develarnos el rosco grama Galán.

Ahora quiero ponerle una tarea estimado lector, lea el link anterior y realice el inventario y ante sus ojos saldrá una verdad tozuda, Colombia está dominada por feudos electorales que se reparten el estado como botín de guerra.

Sin embargo, no puedo dejar de contarle un datico adicional de la familia y de su fundación, Luis Carlos Galán logró contratos con el estado por la pendejadita de 114 mil millones, algo así como 38 millones de dólares US$ 38.000.000, vamos, lo que todo colombiano recibe de prima navideña.

Si quiere ver los contratos, le dejo el link de las 2orillas, fuente de esta información:

https://www.las2orillas.co/los-contratos-de-la-escuela-para-la-democracia-galan/

¡Así cualquiera!

¡Dolor de patria!

Lo repetiré hasta que nos lo aprendamos: *"más que loco, un pueblo idiota es el que vota una y otra vez por los mismos clanes (apellidos) y espera obtener resultados diferentes".*

Otros delfines en busca de palacio

Citar a "Los Dueños de la Finca" llamada Colombia y no incluir entre ellos a Simón Gaviria y Horacio José Serpa, ex presidente del Concejo de Bogotá y senador de la República, sería una falta de gentileza y de respeto.

Estos delfines y algunos otros más, tienen ambición presidencial y están haciendo fila, y no en el Sisbén, para llegar a la casa de Nariño.

Un dato suelto, la bella hija de César Gaviria, María Paz Gaviria, se casó con David Barquill, reconocido político conservador.

¿Qué tiene esto de curioso?

¿Recuerda usted, estimando compatriota, que la casa Gaviria es liberal?

VALLE DEL CAUCA

Una canción del grupo Niche dice así con armónico acento:

"Esta es mi tierra bonita, mi tierra preciosa, mi Valle del Cauca.

Al centro Tuluá.

Buga que es miel.

Al norte Cartago y Obando.

Buenaventura en el mar."

Una de las más grandes bendiciones de servir como misionero de la iglesia de Jesucristo, que agradezco a los cielos, fue servir en mi propia nación y poder recorrer su extensa y diversa geografía.

Tengo un cariño muy especial por Tuluá. Entonces miremos si mi tierra bonita se ha salvado de los clanes políticos que tanto mal nos ha hecho como nación.

Para nuestra tristeza no es así.

Comencemos...

LOS DELGADOS

Sí la costa Caribe tiene su "Gordo García", el Valle del Cauca tiene los delgados.

Miremos lo afortunados que han sido estas poblaciones bajo una batuta *delgada.*

Una de las características de mayor relevancia de este clan político es su juventud, pues si se les compara con otros clanes, se verá que no tiene gran historia.

Su génesis comienza con los hermanos Delgado: Ubeimar y César Tulio y ya está llegando una nueva generación con su sobrino Javier Mauricio Delgado Martínez.

Como ve, llevan solo dos generaciones en comparación con otras dinastías políticas que acumulan por encima de los 100 años gobernándonos.

A favor de todas las familias que han manejado los destinos de nuestra nación desde las gobernaciones y alcaldías, cada una de ellas pueden esgrimir las obras y el desarrollo que bajo su batuta ha tenido su tierrita, supongo que va a ser uno de los caballitos de batalla de estas familias en contra de este libro "Los Dueños de la Finca".

Y claro, no se puede desconocer que se han logrado avances en cada región, sin embargo, pregúntese querido lector:

¿Este avance es lo mejor que se pudo hacer?

¿Bajo el mando de estas familias han existido o no escándalos de corrupción?

Aparte de los familiares y amigos de estos clanes, ¿qué poblaciones han mejorado su calidad de vida notablemente?

El problema es la perpetuidad en el poder.

Lo mejor que le puede pasar a una comunidad es la alternancia en el poder, pero los municipios departamentos incluso la nación han sufrido del nepotismo y del atraso y corrupción que eso trae.

La parte trágica de esta historia es la veneración que los electores sienten por estas castas, pues llegan hasta a pelearse con sus familiares y amigos, cuando ellos están utilizando el poder para beneficio personal y familiar.

El poder corrompe por naturaleza.

Hace algunos años llegó un ex alcalde de Madrid Cundinamarca a la casa y mientras esperaba a mi papá, tuve el placer y la oportunidad de conversar con él:

-Buenas tardes doctor, ¿cómo van las cosas?

-Muy bien mijo, en la lucha, como a todos nos toca. Cuénteme una cosita, ¿su papá?

-Ya viene doctor, siéntese y lo espera. ¿Le ofrezco algo? ¿Un tinto, un jugo, una cervecita?

-Vale mijo, un tinto estaría bien.

-Claro que sí doctor, ¿le puedo hacer dos preguntas?

-Claro, mijo. Con gusto.

- ¿Cuál es el momento más difícil y duro de ser alcalde? Y deme un consejo para las épocas de campaña.

-Sin lugar a dudas, cuando se conocen los resultados y se sabe quién será el nuevo alcalde, recuerde que esa elección se da en octubre a 2 meses de terminar el periodo para el cual se fue elegido. Desde el momento en que se sabe quién lo reemplazará, dejan de llegar las invitaciones, las botellitas de licor, los almuerzos... Es más, en la alcaldía ya casi no le hacen caso, uno ya huele a feo, el nuevo rockstar es el alcalde electo y a uno ni lo miran, eso es muy verraco mijo.

La pena se suaviza si el nuevo alcalde es de la corriente de uno. Pues bueno no se va a perder el legado porque el nuevo alcalde, si es de uno, le da juego y no se pierde todo el poder.

Pero si es contrario es muy duro y se demora varios años en recuperar el poder.

Dejar el poder es muy verraco mijo, se siente una ausencia, es una tusa, pero nada mijo, luego de un tiempo uno está listo para recuperar el poder y volver al ruedo político.

Su segunda pregunta o mejor dicho, el consejo que le puedo dar es que la plata en elecciones se gasta en la última semana pues debe uno tener lista toda la logística. Obvio que se hacen gastos durante toda la campaña, pero lo fuerte es la última semana junto con el día de elecciones, hay que preparase para ello.

-Gracias doctor.

-De nada mijo.

Se supone que la elección popular de alcalde y gobernadores que rigió al país desde 1986 debió darle cabida y, como se dice, juego a nuevas figuras en la política. Pero para tristeza y el atraso de nuestra nación, estas estructuras no se rompieron, como demuestra este libro a lo largo de sus páginas.

No todos los políticos son corruptos, hay decenas de ellos que han dedicado su vida a la "labor social" y han hecho carrera, desde un simple concejal del municipio alejado de la geografía nacional hasta las altas esferas de la rama ejecutiva de manera honorable.

Podemos pensar que la solución sea una ley en donde se limite el número de veces, periodos y cargos a los que se puede aspirar y sería una buena iniciativa. Como también lo sería que los mismos electores empoderados dijeran: *"Fulanito ha sido dos veces alcalde, ya fue diputado y dos veces concejal, sería bueno que permitiera nuevas figuras".*

Un ejemplo claro de eso es el caso de Germán Vargas Lleras.

Cuando se le preguntaba en 2017, año de los comicios, a los ciudadanos en las encuestas quién creían que sería el presidente, la gente respondía: *"Vargas Lleras".*

Pero la respuesta era distinta si se les preguntaba quién querían que fuera el presidente. Ahí la respuesta era según sus gustos y afinidades políticas.

Cambiar el rumbo de la nación depende de cambiar las tradiciones y los hábitos a la hora de votar.

Los electores son el constituyente primario, el pueblo es soberano siempre y cuando ejerza su posición dominante, sin miedos, sin titubeos y con conocimiento de causa, despedirá cual patrón en la finca a los malos trabajadores.

Y al sufragar elegirá nuevos "gerentes", nuevos dirigentes, que abran un antes y un después en el desarrollo colectivo.

Cuando veamos un grupo o un clan anclado, atornillado en el poder municipal, regional o nacional, digamos al unísono en las elecciones: *"¡Ustedes ya han estado muchos años en el poder, les agradecemos por su labor, buena, mala, o regular, pero es hora de un relevo!"*

No es sano para la democracia colombiana que algunos ciudadanos duren 40 años ocupando una curul en el senado, no es sano para una comunidad que unas pocas familias controlen los destinos y tomen las decisiones regentes de la sociedad. El atraso y la corrupción son consecuencia de la concentración del poder en pocas manos.

Si actuamos de esta forma, los beneficios serán colectivos e individuales y disfrutaremos de una mejor sociedad.

De ahí que los candidatos de estas fami-roscas políticas digan al ver los resultados de las votaciones y nuestra decisión como comunidad unida de darle unas buenas vacaciones: *"¡Qué resultados más chimbos!"*

Volvamos al clan de los Delgado.

Como venía contándole, querido compatriota, este es un clan joven que no tiene detrás varias generaciones de prominentes políticos y que se inicia con Ubeimar Delgado, quien fue concejal desde 1992 a 1994 y luego se desempeñó como representante en la cámara desde el año 1998 a 2006 y de allí pasó al senado, donde ocupó una curul hasta el 19 julio de 2010.

No tuve que investigar mucho, pues en la página de Congreso Visible nos cuentan las relaciones políticas familiares que tiene nuestro senador.

Según nos dice la página anteriormente nombrada, la herencia no se la dejó el papá, sino el tío y no fue en billetes y joyas sino en votos (muy curioso que se puedan heredar los votos) pues recibió todo el apoyo de su tío César Tulio, ex concejal de Cali, y por eso en 2010 sacó 46 mil votos al senado.

Su otro tío, Ubeimar Delgado, aportó también a la herencia pues no se iba a dejar echar tierra con la herencia de su sobrino y lo apoyó, no olvidemos que don Ubeimar Delgado fue gobernador del Valle del Cauca desde el 6 julio de 2012 hasta el 31 de diciembre de 2015.

Su hermano, César Tulio Delgado, profesor de profesión, ha tenido grandes aportes a la educación como: el colegio de Saladito, la escuela Luis Fernando Caicedo en Brisas de Álamos y el centro docente Tierra de Paz en el barrio Puertas del Sol:

http://www.congresovisible.org/congresistas/perfil/cesar-tulio-delgado-blandon/1486/

Además de esto, también aportó creando rutas de transporte a las poblaciones Saladito, Felidia y Castilla.

César Tulio fue concejal de Cali desde 2000 hasta 2003 y reelecto para otro periodo que llegó hasta 2007.

También fue senador de la República por el Partido Conservador.

Con gran sensatez decidió no presentar su nombre a un nuevo periodo para el senado, dejando esta curul para su sobrino como dice el diario Occidente.

Javier Mauricio Delgado Martínez se presentó con el número 13 por el Partido Conservador y obtuvo 54.018 votos, pero no le alcanzó para obtener su credencial de senador de la República.

Querido lector, hagamos nuestro tradicional inventario de los cargos públicos de la familia Delgado:

4 periodos como concejal.

1 representante a la cámara.

1 senador.

1 gobernador.

¡Y todo esto entre solo dos personas!

Reitero la pregunta, ¿cuántos cargos políticos ha tenido su familia?

Para cerrar esta naciente dinastía política, le dejo el link de un artículo de la revista Semana, espero lo revise:

https://www.semana.com/nacion/elecciones-2014/articulo/ubeimar-delgado-blandon-gobernador-del-valle-quiere-llevar-al-senado-su-sobrino/377982-3

¡SI VOTAMOS POR LOS MISMOS DESPUÉS NO NOS QUEJEMOS!

LOS CHINCANGO CASTILLO

Dios bendiga a Internet, pues toda la información está a un clic y ahorra un montón de tiempo.

Agradezco a Mauricio Ríos Giraldo, quien en un artículo del diario Occidente nos explicó los cargos que ha ocupado su familia:

Cito textualmente:

"Como se recordará, la madre del ex diputado, Nancy Denisse Castillo, es representante a la cámara saliente por el Partido Liberal y su hermano, Juan Manuel Chicango, es concejal de Cali por la misma colectividad, al igual que lo fue su padre, Orlando Chicango".

Una vez más el inventario:

1 representante a la cámara.

1 diputado a la asamblea.

2 concejos municipales de Cali.

Están bajitos, pobrecitos, si han tenido tan pocos puestos políticos...

Querido lector, ya sabe cuál es la pregunta que aquí le hago.

Usted tiene la respuesta y espero que las próximas elecciones recuerde quiénes son "Los Dueños de la Finca" llamada Colombia.

¿Qué tal si nos damos un paseo por el Tolima?

¿Será que las cosas son diferentes?

Miremos a ver qué tal...

Aunque ya le adelanto que uno es muy mal pensado.

EL TOLIMA

Siento mucho mi querido lector tenerlo que defraudar.

En el Tolima también tenemos dinastías, clanes políticos o dueños de la finca.

Y no fue difícil encontrar los apellidos que gobiernan esta bella tierra colombiana.

JARAMILLO MARTÍNEZ

Como es costumbre, arranquemos con el patriarca fundador de este clan político, el señor Alfonso Jaramillo Salazar, a quien le gustaron los temas políticos y tuvo la fortuna de casarse con una bella mujer que además también disfrutaba del apasionante mundo político, Hilda Martínez.

Cuántos de nuestros políticos han sufrido peleas en el hogar porque su esposa le tiene fobia, apatía a la política y no entiende que todo se hace por el servicio desinteresado a la comunidad. Gran bendición casarse con una mujer a la que le gustan las lides políticas.

Don Alfonso tuvo no pocos cargos: senador, gobernador del Tolima, ministro de Salud y embajador en Noruega, mientras que su esposa Hilda, ha fungido como congresista y concejal de la capital Santa Fe de Bogotá.

De esta unión nacieron: Guillermo Alfonso Jaramillo Martínez y Mauricio Jaramillo Martínez.

Guillermo ha tenido el privilegio de ser congresista, como su mamá, gobernador del Tolima, como su papá, y secretario de Salud de Bogotá en la alcaldía de Gustavo Petro. También ha sido alcalde de Ibagué.

Su hermano Mauricio ha sido 4 veces senador, como su papá, y queriendo seguir los pasos de su padre se lanzó a la gobernación del Tolima en coalición de tres partidos: Partido Liberal, Partido de la U y Cambio Radical.

Le dejo la foto y el link de los resultados según la registraduría:

https://elecciones.registraduria.gov.co:81/esc_elec_2015/99GO/DGO29ZZZZZZZZZZZZZZZ_L1.htm

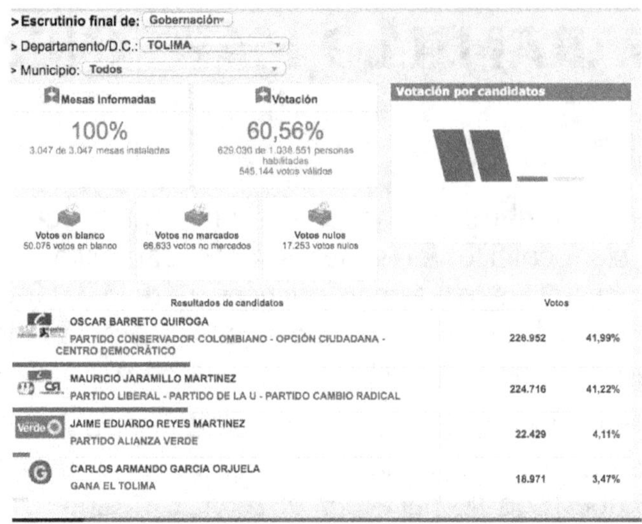

Como se ve en la imagen, perdió la gobernación por 4.236 votos en una elección de más de 545.000, de no ser así, en esta familia tendríamos tres gobernadores.

Un dato insólito: en la misma campaña, el mismo día de elección teníamos a dos hermanos aspirando, uno a la gobernación y otro a la alcaldía de Ibagué. Miremos la imagen y en el link de la registraduría:

https://elecciones.registraduria.gov.co:81/esc_elec_2015/99A L/DAL29001ZZZZZZZZZZZZ_L1.htm

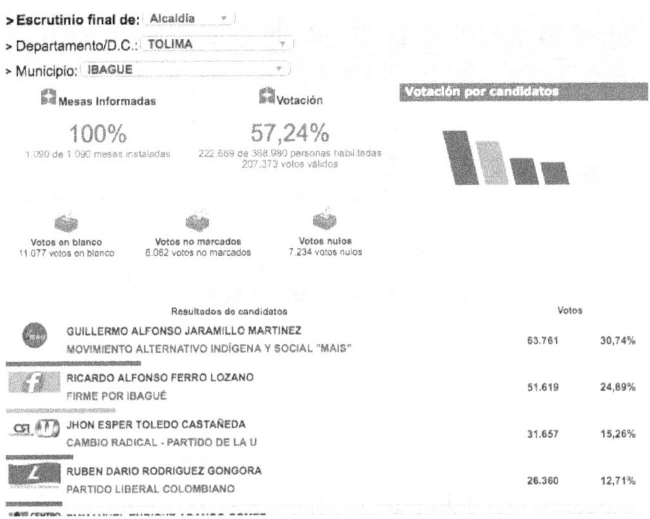

Guillermo Alfonso Jaramillo Martínez aspiró a la alcaldía de Ibagué, la capital del Tolima ganándola con 63.761 votos por el partido MAIS y su hermano Mauricio Jaramillo Martínez aspiró a la gobernación del Tolima, como ya enunciamos, perdiendo por menos de 5.000 votos en alianza de tres partidos.

¿Ve, querido compatriota, cómo las familias que son dueñas de la finca se ayudan para progresar?

¡Y uno peleando con los hermanos porque se le llevó la chaqueta azul!

Creo que es evidente una vez más que los partidos son tan solo franquicias que las familias y los clanes políticos, "Los Dueños de la Finca", utilizan para su acomodo.

Mire que en esta familia, Mauricio, quien perdió la elección tenía 3 avales.

Los partidos bailan al son del que mejor les toque y buscan estar con el ganador para tener las cuotas burocráticas y acceso a los contratos estatales.

Unas preguntas querido lector:

¿De qué sirve la elección popular de alcalde y gobernadores si siempre votamos por los mismos?

Querido tolimense si de verdad quiere el progreso de su región, usted que esta allá y vive en esa hermosa tierra que Dios nos dio, ¿cree que eligiendo a los mismos el desarrollo del departamento mejorará?

Hagamos nuestro acostumbrado inventario:

7 curules en el congreso (4 de Mauricio, 1 de la mamá, 1 del papá Alfonso y1 de Guillermo).

2 gobernaciones del Tolima.

1 concejal de Bogotá.

1 alcaldía de Ibagué.

De nuevo las mismas preguntas:

¿Es que en las demás familias colombianas no nacen compatriotas con las capacidades para dirigir los destinos de nuestra nación?

¿Votara usted por los mismos en las próximas elecciones?

Un pueblo pasa del estado de locura a la idiotez cuando vota por las mismas familias una y otra vez y espera resultados diferentes, un pueblo así se merece su destino.

¡SI VOTAMOS POR LOS MISMOS DESPUÉS NO NOS QUEJEMOS!

BOYACÁ

Siento una especial admiración por la gente de este departamento de nuestra nación, pues nos ha dado grandes deportistas y grandes empresarios que deben ser nuestros héroes, nuestros faros y dejar de focalizarnos en los personajes nefastos, maléficos y criminales que hemos tenido para la desgracia del progreso, a lo largo de la historia nacional.

Nos quejamos como sociedad cuando en el exterior nos relacionan con la cocaína, muertes, secuestros, prostitución…

Pero somos nosotros los que producimos series de televisión, películas y documentales contando la misma historia una y otra vez y exaltando con todo lujo de detalles la vida y obra criminal de estos delincuentes y desconocemos a los líderes positivos, a los compatriotas dignos de emular, a ellos jamás les hacemos una serie y muchos pasan desapercibidos.

La bella tierra de Boyacá nos ha dado grandes empresarios que son protagonistas del desarrollo nacional y que la han sacado del estadio porque han vencido las más grandes adversidades y deberían ser para nosotros una fuente de inspiración por generaciones enteras.

Mi admiración por esta tierra ha quedado registrada en mi canal de YouTube, en la serie "Héroes empresariales", si la revisa encontrará una breve reseña de varios de los grandes empresarios que hemos tenido.

Le invito a que lo revise y hagamos de estos hombres los referentes de la sociedad.

¿Será que esta tierra cuna de nuestra independencia ha estado a salvo del nefasto poder perpetuo de unas pocas familias?

Le invito a que sigamos en este recorrido y demos un vistazo a "Los Dueños de la Finca" en Boyacá.

LOS RAMÍREZ

El fundador de este clan es el señor Jaime Ramírez Barrera, oriundo de Duitama.

Es un gran empresario y ha alternado su actividad empresarial con la actividad política.

Ha sido senador de la República y diputado en la asamblea departamental de Boyacá, como bien registra un artículo del diario El Tiempo, le dejo el link:

http://www.eltiempo.com/archivo/documento/MAM-453894

Su hija, Constanza Ramírez Acevedo, fue electa alcaldesa de Duitama para el periodo 2012-2015 con el aval del Partido de la U y obtuvo 13.955 votos.

Le dejo la foto de los resultados de la registraduría y el link:

https://w3.registraduria.gov.co/escrutinio/resultados

Registraduría Nacional del Estado Civil
Organización Electoral
República de Colombia

REGISTRADURÍA
NACIONAL DEL ESTADO CIVIL

Escrutinios

30 de Octubre de 2011

Información Preconteo | Pagina Institucional

| Mapa | Resultados | Estadísticas | E14 | Actas Escrutinio |

Corporación

Alcaldía
Gobernación
Concejo
Asamblea
JAL

Municipio DUITAMA

RESULTADOS FINALES DE ALCALDIA
ELECCIONES 30 DE OCTUBRE DE 2011
BOYACA-DUITAMA

Fecha - Hora Generación
21/11/2011 - 18:05:26

Mesas Instaladas	Mesas Informadas	% Mesas Informadas	Potencial Sufragantes	Total Sufragantes	% Sufragantes
217	217	100.00	74,733	49,147	65.76

Departamentos

Amazonas
Antioquia
Arauca
Atlántico
Bogotá D.C.
Bolívar
Boyacá
Caldas
Caquetá
Casanare
Cauca
Cesar
Chocó
Córdoba
Cundinamarca
Guainía
Guaviare

Código	Candidatos	Votos	%	Partido /Movimiento Político
008	CONSTANZA ISABEL RAMIREZ ACEVEDO	13,955	29.34	PARTIDO SOCIAL DE UNIDAD NACIONAL
002	ALFONSO MIGUEL SILVA PESCA	11,212	23.57	PARTIDO CONSERVADOR COLOMBIANO
004	GERMAN TIBERIO OJEDA PEDRAZA	7,190	15.12	PARTIDO CAMBIO RADICAL
003	RAFAEL ANTONIO PIRAJON LOPEZ	5,775	12.14	MOVIMIENTO DE INCLUSION Y OPORTUNIDADES
006	EDGAR EYSENOBER BAEZ CONDE	4,471	9.40	FUERZA CIUDADANA
001	ALONSO RAFAEL GOMEZ CASTRO	1,703	3.58	PARTIDO LIBERAL COLOMBIANO
007	RAUL REYES VARGAS	1,469	3.08	MOVIMIENTO MIRA
005	RAFAEL BECERRA SANTAMARIA	348	0.73	MOVIMIENTO POLITICO AFROVIDES
Total Votos por candidato		46,123	93.85	
Votos en blanco		1,427	3.00	

En 2018 aspiró a la cámara de representantes por el partido Cambio Radical con el número 101 y obtuvo 15.664 votos, pero no le alcanzó.

Como se vislumbra, pasó de obtener 13.955 votos para la alcaldía de Duitama a los 15.664 que nombramos anteriormente, de los que en Duitama obtuvo solo 9.645 y los otros 6.019 en el resto del departamento.

En la misma elección, un nieto de su papá aspiró también a la cámara de representantes por Bogotá con el aval de Cambio Radical, el joven politólogo de los Andes, Óscar Ramírez Vahos.

Para desgracia de Bogotá y Boyacá, tanto la hija del ex senador Jaime Ramírez como su nieto (Constanza Ramírez y Óscar Ramírez Vahos) se quemaron y no podrán ayudar con su visión superior de nación. ¡Qué gran pérdida para la democracia colombiana!

Una sencilla pregunta…

¿Qué leche les darán a estos hijos para que tengan la capacidad de dirigir los destinos que los demás colombianos no tenemos?

Esa leche debería reemplazar la bienestarina.

Podría preguntarse uno, pero si tanto Constanza como Óscar no lograron obtener la votación necesaria para ser electo, ¿no es prueba de que no elegimos siempre a los mismos?

Si es un gran logro para el Tolima que en esta elección no hayan llegado al congreso, pero hagamos nuestro acostumbrado inventario de los puestos que esta familia ha tenido a lo largo de varias décadas y saque usted sus conclusiones.

Ah, y no sería raro que en las elecciones venideras aspiraran a algún cargo de elección popular:

1 curul en el senado.

1 vez diputado.

1 alcaldía de Duitama.

1 candidatura al senado.

1 candidatura a la Cámara.

¡Recordemos que este es un clan en construcción!

Miremos otros clanes políticos del Boyacá...

JUAN DE JESÚS CÓRDOBA

Según la página de Congreso Visible, este abogado oriundo de Boavita, Boyacá, ha sido concejal de su municipio, alcalde del mismo, diputado a la asamblea departamental, senador de la República y representante a la cámara.

Por lo que ha servido grandemente a su departamento de Boyacá, lo cual no es malo, es muy bueno.

Lo negativo comienza cuando desean perpetuarse en el poder en cuerpo ajeno, pues tuvo la fortuna de casarse con la bella Nasly Judith Cardozo Londoño, quien en las elecciones de congreso del 11 de marzo de 2018 aspiró a un curul en la cámara de representantes.

Parece ser que el endoso de votos de su esposo se quedó a medio camino, pues no alcanzó a llegar y obtuvo solo 7.887 votos con el número 106 de Cambio Radical para la cámara de representantes.

LOS ROA SARMIENTO

Osman Hipólito Roa Sarmiento es un abogado boyacense que entró a la política luego de ejercer su profesión de abogado, donde llegó a ser juez del juzgado civil número 11 de Tunja.

Su familia siempre estuvo metida en política, de ahí la vena.

Su hermano Humphrey hizo toda la carrera en el Partido Conservador y empezó desde abajo, como debe ser.

Fue concejal de Chinavita, luego diputado en la asamblea departamental y más tarde, representante a la Cámara con 22 mil votos (siendo el segundo más votado del departamento en 2014).

Su hijo, Osman Roa López, llegó a la Asamblea boyacense con el Partido de la U en 2011.

En 2015, Roa Sarmiento se lanzó como candidato a la Gobernación de Boyacá y terminó segundo por detrás de Carlos Andrés Amaya Rodríguez, obteniendo una alta votación (167.000 votos es un gran caudal para intentarlo una vez más en próximas elecciones).

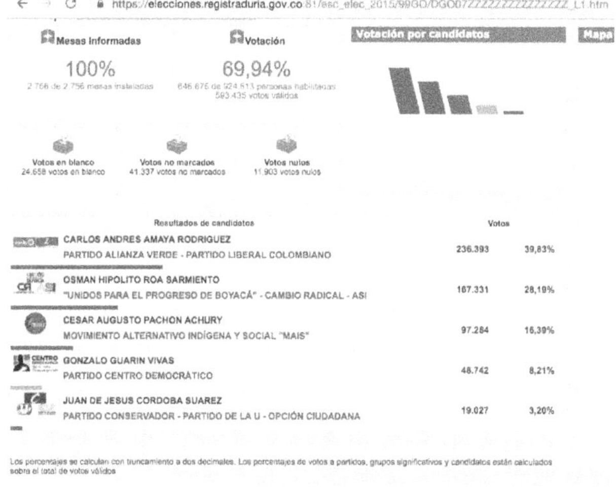

Resultados de candidatos	Votos	
CARLOS ANDRES AMAYA RODRIGUEZ PARTIDO ALIANZA VERDE - PARTIDO LIBERAL COLOMBIANO	236.393	39,83%
OSMAN HIPOLITO ROA SARMIENTO "UNIDOS PARA EL PROGRESO DE BOYACÁ" - CAMBIO RADICAL - ASI	167.331	28,19%
CESAR AUGUSTO PACHON ACHURY MOVIMIENTO ALTERNATIVO INDÍGENA Y SOCIAL "MAIS"	97.284	16,39%
GONZALO GUARIN VIVAS PARTIDO CENTRO DEMOCRÁTICO	48.742	8,21%
JUAN DE JESUS CORDOBA SUAREZ PARTIDO CONSERVADOR - PARTIDO DE LA U - OPCIÓN CIUDADANA	19.027	3,20%

Los porcentajes se calculan con truncamiento a dos decimales. Los porcentajes de votos a partidos, grupos significativos y candidatos están calculados sobre el total de votos válidos

Veamos nuestro tradicional inventario de la familia Roa:

1 concejo.

3 asambleas departamentales.

1 cámara de representantes.

1 candidatura a la gobernación.

Ya sabemos las preguntas que vienen después del inventario y también sabemos ya las respuestas, ¿cierto?

Un pueblo pasa del estado de locura a la idiotez cuando vota por las mismas familias una y otra vez y espera resultados diferentes, un pueblo así se merece su destino.

¡SI VOTAMOS POR LOS MISMOS, DESPUÉS NO NOS QUEJEMOS!

EL META

Hemos llegado a uno de los departamentos más olvidados de Colombia y uno de los más jóvenes, pues dejó su adolescencia como intendencia y obtuvo su mayoría de edad en el gobierno de Alberto Lleras Camargo en 1959.

El primer gobernador fue su último intendente, el señor Ernesto Jara Castro.

El 16 de diciembre de 1959 se erigió como el departamento del Meta.

Uno de los descendientes del primer gobernador, Ernesto Jara Castro, es Alan Jara quien fuese secuestrado por la guerrilla de las FARC mientras fungía como gobernador del Meta.

El grupo político de Alan Jara lo conforman los Pérez y una vez más, el ratón Pérez me llamó preocupado por la posibilidad de que miembros de su familia estuvieran involucrados en escándalos de corrupción.

Revisamos muy bien con el ratón Pérez y expertos en genealogía de roedores si los Pérez llaneros eran parientes del ratón Pérez y para descanso de nuestro roedor no era así.

En algunas de las gobernaciones de Alan Jara, el gerente de la lotería del Meta era Carlos Alfonso Pérez Gómez, quien fuese asesinado, y dueño de la empresa MC Constructores.

Esta empresa fue heredada por Iván Alberto Pérez Gómez, quien por allá por 2001 era funcionario de la secretaría de Obras Públicas del entonces gobernador Luis Carlos Torres.

Iván Pérez es familiar de Jorge Carmelo Pérez, quien ha sido 3 veces representante a la cámara por el departamento del Meta y secretario de Manuel Francisco Becerra cuando este era contralor general.

Además, es esposo de la actual gobernadora del Meta Marcela Amaya.

En el hogar de Jorge Pérez y Marcela Amaya nacieron 3 hermosas hijas: Daniela, Pamela e Isabela.

Nuestra actual gobernadora ha tenido un largo trayecto político. Según la página de la gobernación del Meta fue diputada desde 2008 a 2011 siendo electa con la más alta votación y la única mujer en ese periodo.

¡Qué cosa más curiosa eso de que mi cuñada sea la gobernadora y yo sea el mayor contratista! Seguro que es cosa del azar, del destino, coincidencias cósmicas...

Le dejo el link de la W radio para que escuche de la fuente primaria:

http://www.wradio.com.co/noticias/regionales/los-socios-de-ivan-perez-en-el-meta/20170608/nota/3487001.aspx

Su esposo, Jorge Carmelo Pérez Alvarado, nació en Villavicencio el 16 de julio de 1957 (le dejo la fecha por si desea celebrarle el cumpleaños) y es abogado de la universidad Externado de Colombia.

Otros cargos que ha ocupado, Jorge Pérez son: personero de Arauca, alcalde de Villavicencio (nombrado por decreto), concejal de Villavicencio y representante a la Cámara por el Meta.

Jorge Carmelo tiene un hermano llamado Camilo Pérez Alvarado, que fue secretario de turismo del Meta y candidato a la alcaldía de Villavicencio.

Pero como en días de descuento en las plazas de mercado, va la ñapa.

Otro ilustre miembro de esta familia, Alejandro Alberto Vega Pérez, fue electo a la cámara de representantes por el Partido Liberal como consta en la página web de la registraduría. Le dejo el link:

https://elecciones.registraduria.gov.co:81/elec20180311/resultados/99CA/BXXXX/DCA52999.htm

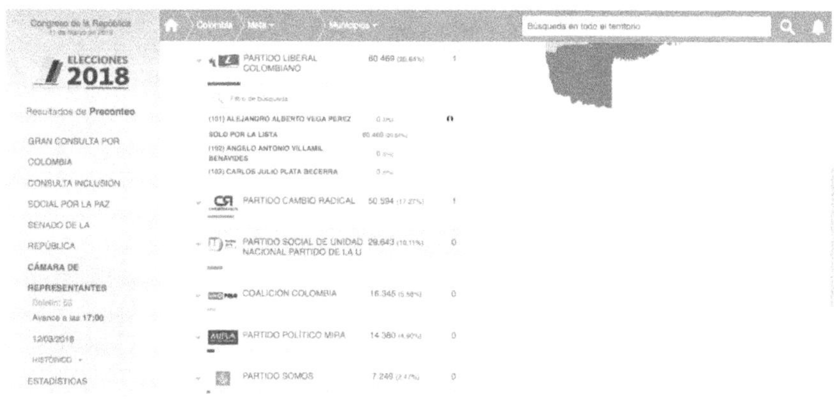

Entonces, hagamos nuestro acostumbrado inventario de la familia Pérez:

1 gobernación del Meta.

4 veces representantes a la cámara.

1 secretaría departamental de Obras Públicas, Turismo y Vivienda.

Y lo más triste es que el ratón Pérez sigue desempleado y sin pensión.

¿Será que la concentración del poder político en pocas manos tendrá algo que ver con el atraso de nuestro país?

Un pueblo pasa del estado de locura a la idiotez cuando vota por las mismas familias una y otra vez y espera resultados diferentes, un pueblo así se merece su destino.

¡SI VOTAMOS POR LOS MISMOS, DESPUÉS NO NOS QUEJEMOS!

SANTANDER

LOS AGUILAR

A diferencia de otras dinastías electorales del país, que datan de siglos atrás, en el departamento de Santander una dinastía se acomodó hace muy poco y es fácil verlo porque padres e hijos se han relevado en la gobernación.

Les hablo de los Aguilar.

Este clan fue fundado por el coronel retirado de la policía nacional Heliodoro Aguilar Naranjo, quien fue gobernador del departamento de Santander entre los años 2004 y 2007.

Su hijo, Richard Aguilar, fue gobernador del mismo departamento desde 2012 a 2015 y fue electo senador de la República en marzo de 2018 con el aval del partido Cambio Radical. Le dejo el link de la registraduría:

https://elecciones.registraduria.gov.co:81/elec20180311/result ados/99SE/BXXXX/DSE99999.htm

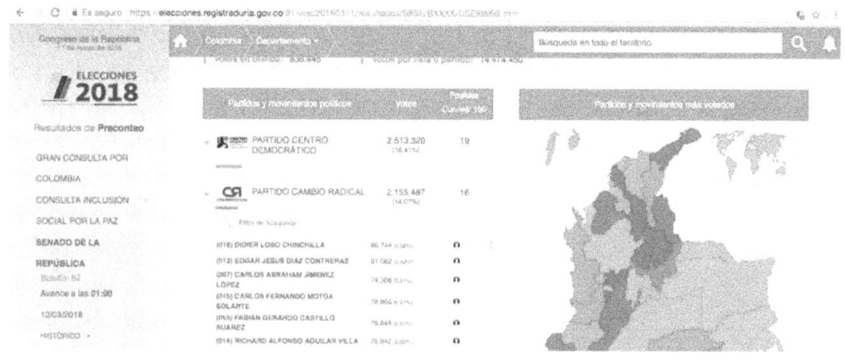

El otro hijo del coronel, Mauricio Aguilar Hurtado, fue senador por 2 periodos y renunció a su curul en el senado, como se evidencia en su cuenta de Twitter.

Entonces la familia, para no perder su gran aporte a la nación y a su departamento, decidió hacer un "cambis cambeo", es decir, el que estaba en el senado fue a por la gobernación y el que ya fue gobernador ganó su curul en el senado. Eso sí, ambos por diferentes partidos: Opción Ciudadana y Cambio Radical.

De nuevo, querido lector, hagamos el inventario político de la familia Aguilar:

2 gobernaciones.

3 veces senadores.

Y van por la tercera gobernación. De llegar a conseguirla seria insólito que un padre y dos de sus hijos fueran gobernadores.

Esto no es democracia es una "monarcracia".

Lo malo de la rosca es no estar en ella.

El problema es que más del 90 % de los colombianos están por fuera de la rosca.

La democracia y el voto se hicieron para romper con las monarquías y sus estructuras.

¿Ve, querido compatriota, una de las semillas del atraso de nuestro país?

Un pueblo pasa del estado de locura a la idiotez cuando vota por las mismas familias una y otra vez y espera resultados diferentes, un pueblo así se merece su destino.

¡SI VOTAMOS POR LOS MISMOS, DESPUÉS NO NOS QUEJEMOS!

NORTE DE SANTANDER

POR TODOS LOS CRISTOS

El fundador de esta dinastía fue Jorge Cristo Sahium, quien en 1998 fue asesinado por el ELN junto a su escolta Jorge Cobaría Reyes, como lo relata La Opinión en su página web:

https://www.laopinion.com.co/historicos/hace-21-anos-el-eln-asesino-jorge-cristo-sahium-159844#OP

Se desempeñó como concejal de Cúcuta, diputado en la asamblea de su departamento en 1976 y senador de la República entre 1978 y 1986.

Sus hijos, Andrés y Juan Fernando, siguieron sus pasos y entraron en el apasionante mundo de la política.

Juan Fernando Cristo ha sido senador de la República y en el gobierno de Juan Manuel Santos fue su ministro del Interior.

Por su parte, Andrés Cristo ha sido representante a la Cámara.

Hagamos el inventario de esta familia:

1 concejal de Cúcuta.

1 diputado en la asamblea.

2 senadores.

1 representante a la cámara.

1 Ministerio del Interior.

RAMIRO SUÁREZ CORZO

Fue alcalde de Cúcuta entre 2004 y 2007 siendo destituido cuando fue condenado por homicidio en el mes de septiembre de 2007 y condenado a 25 años de prisión que actualmente paga.

Su carrera política fue exitosa gracias a su cercanía con la gente.

Su labor comenzó al lado del entonces congresista Mario Said Lamk Valencia, de quien se dice que aprendió los secretos del oficio, por allá por la década de los 80.

Fue pieza clave en la elección de Manuel Guillermo Mora para la alcaldía de Cúcuta en el año 2001.

Para las siguientes votaciones presentó su nombre como candidato a la ciudad fronteriza de Cúcuta y fue electo con una altísima votación que superó los 120.000 votos, cargo en el que estuvo hasta su captúra por órdenes de la justicia colombiana.

Su influencia es tal, que desde la cárcel sigue siendo un factor determinante de la política regional.

Por ejemplo, el actual alcalde de Cúcuta, Cesar Omar Rojas Ayala, es integrante de su línea política por lo que recibió el apoyo de fichas claves de su administración.

La esposa de Ramiro Suárez Corzo, la bella Omaira González, trabajó como secretaria del posconflicto en la administración municipal cucuteña.

Algunos de sus cercanos colaboradores también están trabajando en la alcaldía de Cúcuta solo por citar algunos ejemplos:

Indira Pérez:

Quien en la alcaldía de Ramiro Suárez fungió como secretaria privada del despacho del alcalde, trabajó en la gobernación del Norte de Santander en el mismo cargo cuando el gobernador era William Villamizar y en la actual administración de César Rojas en la alcaldía de Cúcuta se desempeña como secretaria de educación.

Telesforo Blanco:

En la administración de Suárez actuó como secretario de Hacienda, jefe de presupuesto municipal y director del Departamento Administrativo de Bienestar Social.

Muy cercano, como dirían los jóvenes, muy parcero del ex alcalde y fue uno de los apoyos significativos en la campaña del actual burgomaestre César Rojas.

Para tener una lista mayor de funcionarios que se reencauchan de administración en administración desde la ciudad de Cúcuta hasta el departamento del Norte de Santander, le dejo el siguiente link del diario La Opinión:

https://www.laopinion.com.co/politica/los-rostros-del-poder-en-norte-de-santander-137928#OP

Sé que muchos cucuteños tienen en gran estima al ex alcalde Ramiro Suárez por su don de gentes y por las obras que dejó en su administración, tanta es su influencia que desde la cárcel dirige los destinos de su ciudad.

Si se les pregunta a muchos ciudadanos por qué el apoyo irrestricto al ex alcalde, la respuesta básicamente es: *"Robó, pero hizo algo. Los demás políticos solo roban"*.

Todas las culturas tienen valores que las identifican como tales y les generan las anclas desde las cuales soportan las tormentas sociales y están tan arraigadas en el inconsciente colectivo, que forman parte del ADN nacional; La pujanza, la seriedad en los negocios, su capacidad de crear grandes fortunas a partir del trabajo, la independencia, la capacidad de adaptación y la resilencia son algunas de las virtudes nacionales.

¡Gracias a Dios por ello!

Muchos de estos valores se trastocaron, se nos perdieron en el camino, no los "***mecateanos en cositas",*** podemos decir como el profeta: *"A lo bueno lo llamamos malo y a lo malo bueno".*

Confundimos generosidad con el despilfarro gracias a la cultura mafiosa, además de confundir improvisación con adaptación y respeto a la autoridad con veneración.

Esta veneración nos hace presa fácil del mesianismo, o mejor, del caudillismo.

Estamos esperando que el político de turno nos solucione los problemas, nos dé el trabajito, el contratito.

Buscamos ayudar al candidato de la mejor manera que podamos, le hacemos reuniones, le ayudamos a pegar los afiches, convencemos a familiares y amigos para votar por el "doctor" de turno...

Llega a tal punto de veneración, que si nos llama y nos recibe en su oficina es motivo de orgullo para nosotros.

Así, estos caudillos se aprovechan de nuestra buena voluntad y una vez que llegan al poder, generalmente le dan la espalda, tanto a sus más cercanos colaboradores como a la comunidad que lo eligió.

Por esta característica es fácil entender el fervor de muchos cucuteños por el ex alcalde Suárez, ya que es bien conocido que recibía a todos en la oficina y trataba de ayudar a la gran mayoría y visitaba a las comunidades menos favorecidas regularmente.

Ese es el secreto de su poder.

Sin embargo, esta manera de actuar de los cucuteños, como muchos otros compatriotas a lo largo y ancho de la nación, perpetúa a estas roscas políticas en la dirección del estado y no es correcto.

Se nos trastocaron los valores y premiamos a los dirigentes que cometieron delitos, no solo con indulgencias, sino haciendo que su voz cantante siga participando en el escenario.

Dos sugerencias tengo para mejorar a nuestra patria:

1. Ser muy cuidadosos al votar y mediante el sufragio jubilar a las fami roscas culpables de corrupción y delitos.

2. Avanzar individualmente por medio de la educación.

Los políticos no quieren que te eduques, pues un pueblo ignorante, además de ser fácilmente manipulable, tiene sus necesidades básicas insatisfechas y por estar en el día a día buscando la papita diaria no puede hacer frente a las decisiones de sus gobernantes.

Para apoyar este punto le dejo el link de un vídeo de mi canal en YouTube donde vemos por qué los gobiernos, no importa si son de izquierda o derecha, no invertirán en educación, ciencia y tecnología:

https://www.youtube.com/watch?v=ObToxOUAzGA

Pero el ex alcalde Suárez Corzo tiene otros aliados, como la familia Flórez con Miguel Ángel Flórez Rivera a la cabeza.

Miguel Ángel Flórez fue concejal de Cúcuta, diputado en la Asamblea Departamental y congresista y como está inhabilitado para ocupar cargos públicos, logró que su hijo Miguel Ángel Flórez Dávila, llegara al concejo municipal de Cúcuta. Esto último con el beneplácito del ex alcalde Ramiro Suárez. Le dejo un link para amplíe la información:

https://www.laopinion.com.co/columna-de-opinion/pacto-de-vasallaje-141859#OP

De este clan también hace parte el gobernador William Villamizar, actualmente en funciones, y quien ya había ejercido desde la gobernación del Norte de Santander desde 2008 hasta 2011.

Si los políticos no pueden gobernar ellos mismos, lo hacen en cuerpo ajeno ya sea de sus familiares o de sus más allegados amigos y colaboradores.

Un dato adicional, el presupuesto del departamento del Norte de Santander es de 735 mil millones de pesos. $

735.000.000.000 aproximadamente cercano a 245 millones de dólares $245.000.000:

http://www.nortedesantander.gov.co/Noticias-Gobernaci%C3%B3n-Norte-de-Santander/ArticleID/9934/Secretar%C3%ADa-de-Hacienda-propone-presupuesto-de-735-mil-millones-para-2018

Estas enormes cifras son las que tienen a cargo nuestros dirigentes, súmele la nómina o puestos de libre nombramiento.

Es un gran poder.

HUILA

LOS GONZÁLEZ

Péguese la rodadita.

De seguro que usted conoce familias en las que sus integrantes no se pueden ni ver porque en el pasado trataron de hacer negocios juntos y salieron peleando.

Una de las enseñanzas positivas que nos pueden dejar "Los Dueños de la Finca" es su capacidad para trabajar en equipo, pues han logrado cohesionarse de tal manera que han mantenido el poder dentro de sus propias familias por décadas, eso lo que demuestra es que han sabido lidiar con sus diferencias.

Un gran ejemplo de esto son los hermanos González, Carlos Julio y Cielo.

Miremos un poco el recorrido de esta familia en el poder, así le invito al Huila.

Como dicen por esas tierras: *"¡Péguese la rodadita!"*

Carlos Julio González Villa es el actual gobernador del Huila, pues ganó las elecciones con 214.134 votos, es decir, el 46,35 % del total de la votación.

Los partidos que lo avalaron fueron Cambio Radical y ASI, como se ve en la página de la registraduría:

https://elecciones.registraduria.gov.co:81/esc_elec_2015/99GO/DGO19ZZZZZZZZZZZZZZZ_L1.htm

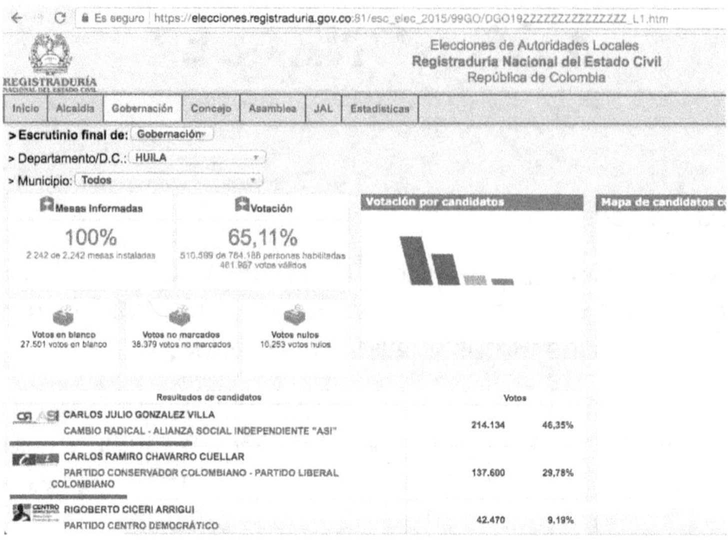

Pero don Carlos Julio González Villa, nuestro actual gobernador hasta 2019, no es el fundador de esta dinastía.

Quien funda la dinastía política es su padre, el señor Carlos Julio González Sánchez y lo fundó en la capital de la República, Bogotá, donde fue dos veces concejal.

Cuando ya tenía alrededor de 27 años comenzó su carrera política en el Partido Liberal en sociedad, en Llaverita, con su hermana Cielo González Villa.

Es un hombre brillante y estudioso, es psicólogo de profesión (trabajó en el hospital universitario de Neiva) y profesor en la Universidad Sur colombiana.

Como todos los integrantes de los clanes o dinastías políticas tienen los pergaminos y los estudios para dirigir los destinos de sus regiones, la pregunta es, ¿por qué las regiones no dan un salto de calidad en el desarrollo y nivel de vida de sus habitantes?

La respuesta puede ser porque ellos gobiernan para y por sus propios intereses y no para la mayoría.

Para llegar a ser gobernador del Huila no basta con que el papá de uno haya sido concejal de Bogotá, hay que seguir el curso y Carlos Julio hijo lo hizo.

Arrancó como concejal de Neiva en dos periodos, luego fue diputado en la asamblea departamental y en 2002 llegó a la Cámara de Representantes por el Partido Liberal, hasta el 20 de julio de 2006, fecha en que fue senador de la República.

Estando en el congreso, cómo no, ayudó a su hermana para que alcanzara la alcaldía de Neiva, capital del Huila. Pero además, su hermana también se ha desempeñado como diputada del departamento entre 2001 y 2003 y gobernadora del Huila (2012-2013), pero fue destituida por unas pequeñas irregularidades cuando era alcaldesa del Huila. Platica, minucias.

Hagamos nuestro inventario:

2 periodos en el concejo de Bogotá.

2 gobernaciones del Huila.

1 alcaldía de Neiva.

1 curul en el senado y 1 en la cámara de representantes.

Sin contar que Cielo fue agregada diplomática en el Uruguay.

Un dato menor, una nimiedad, una bagatela que se me pasaba, perdón por ello querido lector…

Cielo González Villa se casó con Germán Trujillo Manrique, uno de los mayores contratistas de la gobernación del Huila, le dejo un link del periódico El Tiempo:

https://www.eltiempo.com/justicia/investigacion/capturan-a-german-trujillo-implicado-en-fraude-de-refrigerios-escolares-220986

Pero como sé que muchos no leerán el artículo anteriormente nombrado, les hago un pequeño resumen.

Don Germán Trujillo Manrique era un colombiano de a pie que tenía un pequeño local en Unicentro llamado "La arepa loca" y se supo asociar con un político y juntos crearon una empresa, "Alfaba", con la cual se ganaron varios contratos para suministrar raciones a población vulnerable y desplazada en varios departamentos como en el Huila, Caquetá, Tolima y Meta.

Gracias a ello, pasó de andar a pie a manejar grandes contratos que le dieron para comprarse unos carritos de lujo.

Un dato que me pareció muy curioso y que puede verificar en el artículo de la Silla Vacía es que don Germán Trujillo no aparecía como representante legal de la cooperativa Multiactiva Surcolombiana, sino como asesor externo.

El representante legal tenía un salario de 1.500.000 y don Germán, como asesor, un sueldo de 125 millones mensuales.

¿Ve cómo es que es y lo pendejos que somos y no sabemos cómo es la vuelta?

Don Germán aceptó los cargos que le imputaban y devolvió 2.000 millones de pesos y actualmente está en prisión domiciliaria.

LAS PRESIDENCIALES

De seguro se ha preguntado a estas alturas de libro: *"¿Desde cuándo se concentra el poder en Colombia en unas pocas manos? ¿Hay una fecha que nos permita aproximarnos al génesis de la concentración del poder? ¿Un punto de partida?"*

Aunque nos acercamos por los laditos cuando miramos la cancillería colombiana, no llegamos al origen que está un tantico más atrás, unas horitas pasadas.

Esta mala tradición colombiana viene desde el mismo momento de la conquista y se la debemos a don Cristóbal Colón, el famosísimo almirante.

Sí señor, desde por allá tan lejos.

Te cuento aquí, entre nos, que el mismísimo Almirante nombró a su hijo en un alto cargo burocrático, tal y como nos lo cuenta Antonio Caballero en su libro "Las oligarquías": *"Diego Colón, hijo del almirante, era por entonces gobernador de la española y denunciaron al atrevido fraile ante el rey católico..."*

Un poco más acá, unas horitas más cerca al día de hoy, encontramos una elección muy particular.

En 1974, cuando se acababa el frente nacional, el país estaba de júbilo porque venía la verdadera democracia, no el embeleco de la alternancia entre los liberales y los conservadores con su respectiva división burocrática del estado.

El último presidente del Frente Nacional fue Misael Patrana, "papi" de Andresito Pastrana Arango.

Era tal el proceso de renovación, de cambio, de verdadera democracia, que para liderar tan benévolos tiempos de cambio se escogió a tres delfines para decidir quién se sentaría en el solio de Bolívar.

Ese 21 de abril de 1974 se enfrentaron por la presidencia de la República Alfonsito López Michelsen (hijo de Alfonso López Pumarejo), Alvarito Gómez Hurtado (hijo de Laureano Gómez) y la niña María Eugenia Rojas (hija de mi general Gustavo Rojas Pinilla) y madre de nuestro querido Sami, ex alcalde de Bogotá y de Ivancho.

Ganó Alfonsito López Michelsen *"...y su gobierno terminó habiendo frustrado una vez más todas las esperanzas de cambio que habían despertado sus prédicas de candidato opositor del MRL (y hasta el recuerdo de la República Liberal de los años treinta), melancólica y trágicamente: con los muchos muertos del gran paro cívico de 1977, bajo estado de sitio y dando paso al gobierno militarista de Julio César Turbay y su represivo estatuto de seguridad. Entonces empezó lo que un historiador llama el segundo ciclo exterminador, la guerra contrainsurgente".*

("Historia de Colombia y sus oligarquías", Antonio Caballero, pág. 377).

Soplaron vientos de renovación en toda la República.

Jajaja, sí ¡cómo no!

Nuestro granito de responsabilidad en el deficiente desarrollo de Colombia es nuestra lógica electoral, pues pensamos de la siguiente manera:

"Yo elijo al político para que me mejore la vida, por eso voto por el "doctor" que estudió pa eso y es hijo del senador, tiene las conexiones."

Vaya, qué arribismo el colombiano. Se parece mucho a la lógica seudo religiosa: *"Yo rezo para que los cielos me mejoren la vida."*

Los políticos aprovechan, crean y mantienen esta lógica y llegan en cada elección con las mismas promesas para subsanar las necesidades básicas insatisfechas desde siempre, nos venden los mismos cuentos, los mismos problemas a solucionar.

En el libro "Nos pintaron pajaritos en el aire", Juan Pablo Calvás nos hace un magistral recuento de las promesas incumplidas en los últimos 40 años por los presidentes de la República. Le invito a leerlo.

Entre ellas están:

Reforma agraria.

Eliminación del servicio militar obligatorio.

Mejoramiento del sistema de salud.

El túnel de la línea.

Tercer canal de tv.

No a las reformas tributarias

Navegabilidad del río Magdalena.

Educación como motor de desarrollo.

Estas y muchas otras promesas de los candidatos se repiten en un círculo vicioso en cada elección presidencial, pues como nunca se solucionan se toman como bandera de campaña.

Estimado compatriota, lo repetiré hasta que nos lo aprendamos:

¡Si votamos por los mismos, tendremos los mismos resultados!

La democracia en Colombia esta cooptada por una franja muy pequeña, pequeños feudos y se mantiene en el tiempo.

Muchos actores llegados de las mismísimas selvas, como por ejemplo los delfines y no son los rosados del Amazonas sino que son los rojos liberales, azules, conservadores y amarillos de la izquierda, que buscan el poder político para su propio beneficio, como bien se ha demostrado a lo largo de "Los Dueños de la Finca".

Los delfines son los hijos de los políticos que se perpetúan en el poder.

Se casan delfines con delfinas y generan la concentración del poder político con los réditos económicos que tal actuar conlleva.

Los partidos políticos son utilizados como meras franquicias. También los de izquierda.

Estos delfines son una franja pequeña de toda la población nacional y tienen dos características muy peculiares: la primera, una visión del mundo consecuencia de su propia lógica. Y la segunda, una desconexión con la realidad de la gran mayoría de la población que no está en la burbuja.

Y la última elección presidencial no fue muy distinta, pues elegimos a Iván Duque Márquez.

Miremos los cargos públicos de la familia del nuevo presidente...

Su padre fue Iván Duque Escobar, quien se casó con Juliana Márquez Tono.

Este hogar fue bendecido con 2 hijos: Andrés Gregorio Duque Márquez e Iván Duque Márquez.

Nuestro actual presidente tiene una media hermana por parte de su papá y de Claudia Samper, María Paula Duque Samper, quien se casó con un reconocido periodista, Néstor Javier Morales, como consta en el siguiente link:

http://www.eltiempo.com/archivo/documento/MAM-691657

El hermano de Iván Duque, Andrés Gregorio Duque Márquez, es tercer secretario de relaciones exteriores en la embajada de Colombia en la Santa Sede.

María Paula Duque Samper, la media hermana de Iván Duque, desde 2016 es vicepresidenta de Avianca. Además, es abogada de la universidad de los Andes, ex viceministra de comunicaciones y gerente del sector público de Microsoft para la región andina, también fue asesora de la gerencia de la EPM en Bogotá. Le dejo el link de la revista Dinero:

http://www.dinero.com/empresas/articulo/maria-paula-duque-llega-a-vicepresidencia-en-avianca-2016/225583

Uno de los familiares más reconocidos de María Paula Duque es su prima María Emma Mejía, quien fue embajadora de Colombia ante la ONU, secretaria general de la Unasur y ministra de Relaciones Exteriores en el gobierno de Juan Manuel Santos.

En la contienda electoral del pasado 11 de marzo de 2018, hicimos un oso internacional como nación, se acabaron los tarjetones de las consultas tanto del uribismo como la otra consulta.

Me asombró mucho que Iván Duque no saliera a reprochar a la registraduría, sino que le restó importancia y eso me hizo investigar y descubrí el paso de su papá como registrador nacional en el gobierno de Andrés Pastrana, desde el 6 diciembre de 1999 hasta el 24 de agosto de 2002, alcanzando a estar 17 días en el gobierno de la mano firme y el corazón grande.

Es muy importante aclarar que el papá de Iván Duque también se desempeñó como ministro de Minas y Energía en el gobierno de Belisario Betancur entre los años 1985 y 1986 y antes fue gobernador de Antioquia del 23 marzo 1981 al 20 marzo 1982.

Recordemos que solo hasta el año 1986 se aprueba la elección de alcaldes y gobernadores, es decir, que antes de esa fecha los gobernadores eran elegidos por el presidente de la República y los alcaldes por el gobernador.

Con la constitución de 1991, el periodo se amplió un año para tener un total de 3 años de gobierno y para ayudar a reducir el desempleo entre los alcaldes y gobernadores, se les amplió a 4 años su periodo en octubre de 2002.

Los primeros burgomaestres en obtener un año más de periodo, se posesionaron el 1 de enero de 2004. Acá le dejo un link de la registraduría:

https://wsr.registraduria.gov.co/Se-cumplen-25-anos-de-la-primera.html

Recalco y subrayo con negrita, la idea ya expuesta.

Debemos dar gracias a Dios que en las familias que nos dirigen nacen personas con capacidades intelectuales superiores que les permiten desempeñarse en tan diferentes cargos públicos.

Y vuelvo a preguntar, ¿en las demás familias colombianas no hay compatriotas con capacidades técnicas específicas que ayuden al desarrollo de la nación?

¡No jodas! ¡Siempre los mismos!

Realicemos nuestro ya acostumbrado inventario de los cargos de esta familia en el gobierno:

1 viceministerio de comunicaciones.

1 puesto en el BID que, por más pequeño, es un puesto internacional.

1 secretaría en la embajada de la Santa Sede.

1 gobernación de Antioquia.

1 registraduría nacional del estado civil.

1 ministerio de Minas.

1 embajada en España.

1 ministerio de Relaciones Exteriores.

1 embajada en la ONU.

1 secretaria de Unasur.

Y claro, 1 presidencia de la República.

Desde el mismísimo momento de la conquista española, esta tradición se instaló como un virus en el pc y sigue allí.

Bendito es el feudalismo colombiano.

LA POLÍTICA ES DINÁMICA

Hace algunos años, junto con mi padre, acompañé a dos políticos, uno era diputado a la asamblea de Cundinamarca y el otro era secretario de agricultura, a recorrer parte del departamento.

Los dos funcionarios nos recorrieron en sendas camionetas, mi padre se fue con un gran amigo y yo con el diputado.

Viajamos solos en esa camioneta oficial y me impactaron varias situaciones:

La primera, cómo le daban de duro a esos carros. Como se dice popularmente: *"¡Qué pata tan brava, de seguro que si los carros fueron de ellos los tratarían mejor!"*

La segunda, como sabía que tendría a un personaje con información privilegiada, aprovecharía la oportunidad para entender las dinámicas políticas, por ello preparé los posibles temas a tratar y algunas inquietudes que yo tenía.

Este personaje había estudiado mi misma carrera y en mi misma universidad, ese sería mi tema introductorio para generar relaciones de confianza, una técnica que aprendí en mis tiempos de misionero.

La sorpresa vino cuando pasamos de ese tema y le pregunté sobre la asignación de presupuestos, cómo mejorar nuestras infraestructuras viales y departamentales, cómo ampliar la cobertura de servicios públicos básicos a todo el departamento, el acceso a la educación y cómo articular la educación con las realidades de las poblaciones cundinamarquesas y demás temas, además de algunos otros temas financieros.

Para mi profunda decepción, no tenía ni idea de ningún tema. Entonces pensé en hablar de política internacional y su desconocimiento era mayúsculo.

Iba a ser una larga jornada muy aburrida, pero se me ocurrió un tema que me salvó del tedio.

Le pregunté: *"Señor diputado, ¿usted cómo ve a los candidatos para la alcaldía de Madrid Cundinamarca? Yo vivo hace 20 años en la bella flor de la sabana. ¿Será que fulanito se lanza y deja su puesto en la gobernación?"*

Como si fuera un monje esperando por siglos que alguien viniera a preguntarle los secretos de su sabiduría, me dijo: *"¡Pues claro! Fíjate Diego, que nombró a fulanito en tal secretaría y eso es buscando el aval de tal partido para evitar que el otro candidato obtenga ese aval. Pues a la persona que recomendó para ese puesto es la querida de quien firma los avales en ese partido."*

Así se despachó por tramos, mientras llegábamos a cada una de las poblaciones y retomaba su tema en profundidad.

Llegué con varias conclusiones, pero la más importante fue que los políticos no están pensando en el desarrollo de las poblaciones, sino en cómo ganar las partidas de lo que se conoce "el ajedrez político" y prueba de ello es "Los Dueños de la Finca".

Esa es su gran habilidad. Se convierten en maestros del póker político, mover sus fichas, aceitar la maquinaria, conseguir nuevos líderes, mantener su caudal político y aumentarlo de cara a las próximas elecciones.

Pasan de un partido a otro, se unen a su anterior contrincante político, aceptan posiciones políticas e ideológicas antagónicas, prometen a comunidades minoritarias defender posiciones opuestas al mismo tiempo, heredan el poder a familiares o amigos muy cercanos para no perder su feudo electoral...

Y todo lo hacen bajo el eslogan **"la política es dinámica".**

¡Qué va!

Lo dinámico son los intereses de nuestros políticos que nos han costado el atraso de nuestra nación.

Estimado compatriota, hemos llegado al final de "Los Dueños de la Finca".

Como bien sabrá, *"ni son todos los que están, ni están todos los que son".*

Es, como dicen en estadística, una pequeña muestra representativa que nos deja ver un rasgo característico de todas las regiones en Colombia, votamos por los mismos apellidos o clanes.

Hay unos departamentos que no están incluidos en esta edición y les ofrezco disculpas y la promesa firme de que, si las ventas de este libro lo permiten y llegan nuevas ediciones, les prometo que los encontrarán allí.

Si votamos a conciencia y elegimos a los mejores para dirigir los destinos de la nación, podremos tener una segunda oportunidad sobre la tierra para hacer de Colombia un país mejor.

De todo corazón, me despido de usted querido compatriota.

Le agradezco su dedicación a leer "Los Dueños de la Finca" y espero que evitemos otro embargo a la finca ya hipotecada llamada Colombia.

A todos los ciudadanos los invito a votar a conciencia y derrocar a los feudos electores, nuevas personas, nuevas ideas romperán los círculos de pobreza en gran parte del territorio nacional.

A quienes su comunidad los haya investido con la confianza de dirigir, los invito a que realicen esta labor efímera en busca del bienestar común, en pro de la mayoría.

Sé que si lo hacen así los cielos y la divina providencia los ayudará.

Tu amigo,

Diego Fernando Arévalo Riaño

ALGUNAS CONSIDERACIONES FINALES

No todos los miembros de las famiroscas políticas están perteneciendo, pero con los pocos que ejercen la política como actividad profesional, han controlado el país.

Muchas de estas familias, gracias a su inmenso poder han logrado privilegios mediados por el ejercicio del nepotismo y han privado a la gran mayaría de los colombianos de las oportunidades de progresar. No estoy diciendo que el estado debe ser el proveedor de todas las soluciones de la vida diaria de cada nacional, lo que el estado debe proveer es el ecosistema, las oportunidades y la infraestructura para que cada colombiano pueda por sus propios medios mejorar su calidad de vida, el tan famoso "echar palante" o como dicen las abuelas: *"No le regale un pez, enséñele a pescar"*. Pero nuestros dirigentes políticos se roban el contrato de capacitación para aprender a pescar, se roban las cañas, las balsas y hasta el mar.

En los grandes escándalos de corrupción siempre han estado involucrados los más altos miembros de la élite nacional, solo por citar algunos: Odebrecht, Reficar, tierra bomba y sus predios, Dragacol, crisis alimentaria de la Guajira y un sinfín de escándalos. Debemos relevar del mando a esta minúscula famirosca y romper los círculos de corrupción que por décadas han azotado a Colombia.

La mejor manera combatir a estas famiroscas y la corrupción que de ellas emana es lograr capacitarnos con la mayor educación que los medios propios de nuestros familiares nos puedan brindar, la mejor forma de lucha no es alzarnos en armas, ni siquiera en marchas, la mejor forma de combatir es la educación, es alzarnos en libros, lograr conocimiento específico y técnico, con el cual podamos mejorar nuestros ingresos económicos y luego, desde una posición de poder acceder a los cargos de alta dirección del estado, mejorar las condiciones para que más compatriotas y las futuras generaciones tengan un mejor porvenir.

Espero de todo corazón por el bien de nuestra amada patria que en las próximas elecciones tomemos mejores decisiones al momento de sufragar.

Colombia es una finca muy bella pero mal administrada.